青少年求知文库
QingShaoNianQiuZhiWenKu

U0795541

青少年应知的80处名胜

刘思佳　编

吉林人民出版社

图书在版编目（CIP）数据

青少年应知的80处名胜 / 刘思佳编. — 长春 : 吉林人民出版社, 2010.7（2021.3重印）
（青少年求知文库）
ISBN 978-7-206-06890-4

Ⅰ. ①青… Ⅱ. ①刘… Ⅲ. ①名胜古迹—世界—青少年读物 Ⅳ. ①K917-49

中国版本图书馆CIP数据核字(2010)第120598号

青少年应知的80处名胜

编　　者：刘思佳
责任编辑：王一莉
吉林人民出版社出版（长春市人民大街7548号　邮政编码：130022）
印　刷：三河市燕春印务有限公司
开　本：700mm×970mm　1/16
印　张：13　字数：110千字
标准书号：ISBN 978-7-206-06890-4
版　次：2010年7月第1版　印　次：2021年3月第2次印刷
定　价：39.00元

目　录

长白山天池

如果说世界上所有的湖泊中能让人忘怀尘世，如登天境的，那就是长白山上的空中湖泊——天池。长白山天池座落在吉林省东南部，是松花江、图门江、鸭绿江三江之源。因为它水面海拔达2510米，所以被称为天池。

天池呈椭圆形，犹如镶嵌在群峰之中的一块碧玉，这里经常云雾弥漫，并常有冰雹，让人不禁怀疑如何能做沐浴之用，这也正是天池的神奇之处：据史料记载天池之水“冬无冰，夏无萍”，这是由于池内有多处温泉，形成了几条著名的温泉带，水温常保持在42℃，隆冬时节热气腾腾，冰消雪融。温凉水之间界限分明，互不侵犯，天池因此得了个“温凉泊”的美名。在温泉处泡浴，如果不小心过界限一步，马上就会感受到彻骨冰寒的滋味。

此外，长白山中还有大小几十处温泉，其中水量最大、分布最广、水温最高的，被誉为“长白山第一泉”，位于长白山北坡、长白山大瀑布下约1000米处的聚龙泉。

走进温泉区，热气扑面而来，只见泉水从岩石的裂隙汩汩涌出，喷出口大的如碗口，水声响亮，小的粗如手指，细流涓涓。水色浊黄，周围的岩砾、砂石被染成红褐黄绿、深浅不一的颜色，在氤氲的水气中，闪烁着五颜六色的光芒。 在远古时期长白山是一座火山，自16世纪以来它爆发3次后，喷射出的大量熔岩在火山口处形成盆状，积水成湖，时间一长形成了天池。是中国最大、最深的火山口湖，长4850千米，宽3350千米，面积9820平方千米，周长13100千米。围绕着深碧池水的奇妙白石上，仿佛覆盖着千年不化的积雪。

围成天池的浮石有一个缺口，池水漫溢，从缺口中流出来，蜿蜒流淌约1000多米，从悬崖劈空泄下，形成了著名的长白山大瀑布。大瀑布流下的水汇入松花扛，成为松花江的一个源头。

天池水中原本无任何生物，除了水之外，只有巨大的岩石。但近几年突然出现了一种冷水鱼——虹鳟鱼，此鱼生长缓慢，肉质鲜美。另外，还有人称曾在池边见过不明身份的生物在水中游弋。不明生物的传说使得天池的美丽之中又加上了几分神秘色彩。

洱 海

位于云南大理白族自治州的苍山洱海，是一个风光明媚的高原淡水湖泊。水面海拔1972米，形如一弯新月，北起洱源县江尾乡，南止于大理市下关镇，南北长41.5千米，东西宽3000米~9000米，周长116千米，面积251平方千米。洱海属澜沧江水系，北有弥苴河和弥茨河注入，东南汇波罗江，西纳苍山十八溪水，水源丰富，湖水从西洱河流出，与漾江汇合注入澜沧江。

洱海湖畔西面有横列如屏的苍山，又名点苍山，山景以雪、云、溪著称。苍山由19座海拔都在3500米以上的山峰组成。峰顶上终年积雪，银装素裹，景色壮丽。“苍山雪”是大理风花雪月四景之一。苍山顶上有许多高山冰碛湖泊，18条潺潺溪水流经于19座山峰之间，缓缓东流，注入洱海，东面有玉案山环绕衬托。

洱海景观，四季各不相同，即便是一天中的不同时辰，也是变化万千。随着四时朝暮的变化，各种景观呈现出万千气象，于是古人又为之归纳出了“洱海八景”，分别为：山海大观、三岛烟云、海镜开天、岚霭普陀、沧波濞舟、四阁风涛、海水秋色、洱海月映。洱海的人文景观也是非常丰富，“洱海八景”中的四阁风涛，指的便是古人为观赏洱海所特意建造的四大名阁：天镜阁（位于海东）、珠海阁（位于洱海公园团山）、浩然阁（又名丰乐亭，位于才村海边）、水月阁（位于洱海北端双廊，与珠海阁遥相对峙）。由于年深日久，四大名阁均已倒塌不全，但历代骚人墨客在这些名阁之中所作的赞颂洱海风光的诗文佳句却留诸世间，向人们诉说着洱海的奇丽景观。

洱海是白族祖先最主要的发祥地。两汉时期，生活在苍洱地区的古代大理人开创了大理古文明灿烂的历史。到了唐宋时期，在大理建立的南诏政权和大理国，将大理的各族人民统一在祖国的大家庭中，为祖国西南边疆的统一和发展做出了巨大的贡献。可以说洱海是白族的摇篮，也是大理古文明的摇篮。

日月潭

日月潭又称龙湖或天池，位于南投县鱼池乡水社村，是台湾惟一的天然湖，由玉山和阿里山之间的断裂盆地积水而成。潭面辽阔，海拔约760公尺（2，495呎），面积约900余公顷。潭中有小岛名拉鲁岛（旧名珠屿岛、光华岛），远望好像浮在水面上的一颗珠子，以此岛为界，潭面北半部形如日轮，南半部形似月钩，故名日月潭。日月潭四周群山环抱，层峦叠嶂，潭水碧波晶莹，优美如画。每当夕阳西下，新月东升之际，日光月影相映成趣，更是优雅宁静，富有诗情画意。

日月潭四周的群山有多处名胜古迹，有文武庙、玄光寺、涵碧楼、慈恩塔、孔雀园等。文武庙在潭北面的山腰上，依山而筑，大理石牌楼上书“文武庙”三字，左右分别“崇文”、“重武”盈题，文庙祭祀孔子，武庙祭祀关公。在文武庙楼顶，可俯瞰全潭景色。文武庙东南的公路边有孔雀园，是台湾省孔雀的繁殖基地，园中孔雀经过训练，能跳舞、开屏和敬礼。日月潭南侧是青龙山，海拔950米，山麓的玄光寺，供奉唐代高僧玄奘法师全身塑像，寺中悬有“民族法师”盈额。从玄光寺后登1300级石阶，便抵玄奘寺。寺建于1952年，寺中存放玄奘法师遗骨。玄奘寺后的山顶上建有一座高45米的慈恩塔，系中国式宝塔。涵碧楼在日月潭西北的山坡上，原为台湾省政府招待所，现为一流的西式旅馆，清静雅致。门前有两株高大的椰子树，透过一楼阳台而生长，别有情趣。站在涵碧楼顶平台，凭栏赏潭，湖光、翠竹、白云、小舟尽收眼底。

日月潭附近的德化社，是高山族聚居的村落，现已建为山地文化村，山胞歌舞翩翩，尤以表现舂米的“杵舞”吸引着众多游客。日月潭风景区气候宜人，7月平均气温高于22℃，1月略低于15℃，日月潭之所以美丽，是因为它的四周是一座座长满绿树的山，而湖水又静静的，蓝蓝的，像一面镜子，反周围的山色倒映在湖里。另外，一年四季，早晨晚上，映在湖里的景色也不一样，变幻无穷，被称为台湾仙境，也是台湾省的标志。

茶卡盐湖

在柴达木盆地的东部边缘、乌兰县茶卡镇南侧，有一与众不同的湖——茶卡盐湖。南依旺秀山，北依巍峨的完颜通布山，东濒茶塘盆地，美丽而富饶。

盐湖的形成是由于灾难或地壳运动，青藏高原曾是海洋的一部分，经过长期的地壳运动，这块地面抬起变成了世界上平均海拔最高的高原，结果海水留在了一些低洼地带，形成了许多盐湖和池塘，茶卡盐湖就是其中的一个。茶卡是蒙语，意为“盐海”。茶卡盐湖的湖水面积、水深明显受季节影响，雨季湖水面积可达105平方千米，相当于杭州西湖的十几倍，干季湖水面积明显减少。湖水属卤水型。底部有石盐层，一般厚5米，最厚处达9.68米，湖东南岸有长十几千米的玛亚纳河注入。其他注入盐湖的水流很小，且多为季节性河流。因其盐晶中含有矿物质，使盐晶呈青黑色，故称“青盐”。湖中含有近万种矿物质和40余种化学成分的卤水，是中国无机盐工业的重要宝库。初步探明的储量达4亿4千万吨以上。茶卡盐极易开采，人们只需揭开10几厘米的盐盖，就可以从下面捞取天然的结晶盐。因盐类形状十分奇特，有的像璀灿夺目的珍珠，有的像盛开的花朵，有的像水晶，有的像宝石，因此才有珍珠盐、玻璃盐、钟乳盐、珊瑚盐、水晶盐、雪花盐、蘑菇盐等许多美丽动人的名称。茶卡盐为天然结晶盐，晶大质纯，盐味醇正，是理想的食用盐

茶卡盐湖是柴达木盆地四大盐湖中最小的一个，也是开发最早的一个，盐湖中景观万千，有采盐风光，盐湖日出，盐花奇观等，构成了一幅绚丽的画卷。茶卡盐开采历史悠久，最早可追溯到秦汉时期。解放前，马步芳政权在这里设有盐场，每年生产近千吨原盐。解放后，古老的茶卡盐湖经过不断的建设和发展，初步实现了采盐机械化，建有茶卡盐厂，已开发出加碘盐，洗涤盐，再生盐、粉干盐等10多个品种，每年生产几十万吨优质原盐，除供应青海各地外，还畅销全国20余个省区并出口日本、尼泊尔以及中东等地区，深受人们的欢迎。

天山天池

天山天池以高山湖泊为中心，雪峰倒映，云杉相拥，碧水似镜，风光如画。它隐藏在博格达峰的群山之中，古称“瑶池”，即传说中西王母宴请周穆王之地。湖边有一株巨大的榆树，相传是王母降伏水怪的碧玉簪——“定海神针”。

天山天池是新疆维吾尔自治区著名湖泊，位于博格达峰山腰中。天池海拔1980米，面积约5平方千米，湖面呈半月形，长3400米，东西宽约1500米，湖的最深处达上百米不等。湖水清澈，四周群山环抱，绿草如茵，繁花似锦。挺拔苍翠的云杉、塔松像绿色的屏障，遮天蔽日。雄伟的博格达主峰突兀插云，峰顶的冰川积雪闪烁着皑皑银光，与天池湛蓝碧绿的湖水相映成趣，构成了这个高山平湖绰约多姿的自然景观。

天山天池在地质学上属冰碛湖，由高山溶雪汇集而成，是第四纪冰川运动的产物。每到盛夏，湖周绿草如茵，鲜花怒放，湖水的温度也相当低，是避暑的好地方。雪峰雄伟挺拔，倒影在池水中，湖光山色，浑然一体。站在池边眺望，眼前满山苍松叠翠，远处白雪皑皑，山脚下野花遍地，毡房点缀，羊群如珍珠洒落在绿茵上。景色错落有致，如诗如画。

天池脚下，还有东西两个小天池。西小天池是天池湖水透过地下湖坝粗大的冰渍物渗漏下来的泉水，在山嘴交汇的低洼处形成的一个积水深潭，传说是“王母娘娘的洗脚盆”，有诗为证：“一泓碧流成龙潭，青松白雪镶翠盘，金秋桂月沉壁底，疑是嫦娥出广寒。”东小天池是人工水坝的产物，传说曾是“天上仙女的游泳池，后被黑龙霸占，故又名“黑龙潭”，池上的天池瀑布犹如流银泻玉，飞溅直下，颇有几分“大珠小珠落玉盘”的韵味。

环绕天池的群山，是一座座资源丰富的“百宝山”。这里有牧场、林场、鹿苑，雪线（多年积雪区的下界）上还生长着雪莲。狍子在松林里出没着，党参、黄芪、贝母等药材漫山遍野。山壑中有珍禽异兽，湖区中有鱼群、水鸟，众峰之巅有冰川水资源，群山之下埋藏着铜、铁、云母等丰富的矿藏资源。

西北山后有铁瓦寺、南天门等寺院。东山有王母娘娘庙及山洞，还有高达100米的瀑布奔流直下。博格达峰倒映湖中，山水交融，浑然一体，景色优美诱人。

青海湖

青海湖，又名“库库淖尔”在蒙语里是“青色的海”的意思，位于青海省东部平均海拔3196米的高原之上，古称西海、羌海，又称为鲜水、鲜海，汉代也有人称之为仙海，蒙古语叫做库库诺尔，藏语叫错温布，即“青色之海”。湖水面积4500平方千米，平均深度达1.6米，流入湖中的大小河流有30余条，远看水天一色，一望无际，颇有几分海洋般的波澜壮阔。

青海湖的四周被群山环绕，北面是崇宏的大通山，东面是巍峨的日月山，南面是逶迤绵延的青海南山，西面是峥嵘嵯峨的橡皮山。湖东岸有两个子湖，一名尕海，面积10余平方千米，为咸水湖，一名耳海，面积4平方千米，为淡水湖。这里地处内陆高原，气候寒冷干燥，是典型的大陆性气候，青海湖就是在这种环境里滋养了周围的生命。

青海湖生存着青海裸鲤，（俗称湟鱼）硬刺条鳅和隆头条鳅。四五月间，鱼群游向附近河流产卵，布哈河口密密麻麻的鱼群铺盖水面，湖水呈现一片金黄色，鱼儿游动有声，挤挤挨挨翻腾跳跃，异常壮观。裸鲤数量极多，在咸水和淡水中均能生长，每年6月—7月回游源流河中产卵。1964年国家将青海湖列为保护对象，青海裸鲤被列为国家重要名贵水生经济鱼类。

青海湖鸟岛是以鸟类保护为主的自然保护区，湖中的沙岛、海心山、鸟岛和三块石等岛屿上，以及鸟岛至泉湾、那尕则的大片沿湖滩涂、沼泽地中，栖息着长途跋涉迁徙而来的众多候鸟，其中不乏珍稀品种。根据鸟类专家的估计，这里禽鸟总数在16万只以上，种类达到163种。

保护区之中的鸟岛和三块石两处景观最为著名，因为这里聚集着保护区70%以上的鸟类，每到繁殖季节，求偶声混成一曲壮美的合唱。

每年月，成群的鸟儿来到鸟岛繁殖、育雏，鸟岛上的鸟巢鸟蛋俯拾即是。进入金秋时节，各种鸟类分批离开这片乐土，飞往南方越冬。因而也被称为蛋岛。居住在这里的鸟类主要有斑头雁、鱼鸥、棕头鸥、鸬鹚、燕鸥、黑颈鹤、天鹅、赤麻鸭等，其中前4种最常见，约占鸟群数的70%。除斑头雁主要以植物为食外，其他3种均以鱼类为食。青海湖丰富的鱼类资源和湖畔茂盛的植物为候鸟们提供了丰盛的食物饵料，使鸟岛成为这些长羽毛的旅行者们梦寐以求的天堂，群鸟栖息也成为了青海高原的一大奇观。近年来，这神奇壮丽的鸟岛风光，奇特的水禽生活，吸引无数游人和鸟类爱好者来此观光。多年来，人类始终保持着对这片禽类领地的敬意和距离，使得飞鸟能够在这里自由栖息繁衍。鸟鸣自在悠扬，委婉动听，使人如聆仙乐。人与鸟之间达成了难得的谅解与和谐。

站在青海湖畔，眼见远山逶迤，芳草如茵，湖面波光粼粼，耳边听得无数的鸟儿发出动人的鸣叫，仿佛来到了画中的世界，令人情不自禁深深沉醉于这片简单自然的美景之中。

喀纳斯湖

在蒙语里意为峡谷中的湖——喀纳斯湖位于新疆的布尔津县北部、海拔1374米的阿尔泰山脉西麓，形如弯月，距县城150千米，是一个座落在深山密林中的高山湖泊。南北长24千米，东西宽1600米—2900米，比著名的博格达天池整整大10倍。湖面海拔1370米，最深处为188.5米，仅次于白头山天池(最深312.7米)。

喀纳斯湖诞生在距今约20万年前，是第二次大冰期的巨大复合山谷冰川刨蚀而成的。当时，喀纳斯冰川长达百余千米，冰川厚度大约二三百米。冰川缓慢而稳定地退缩，在喀纳斯湖口留下了宽约1000米、高50米~70米的终碛垄，而后即迅速退缩，形成了现在喀纳斯湖的基础。

喀纳斯湖区属寒温带，冬季漫长，达7个月之久，春秋两季相连，全年无明显的夏季，无霜期80天~108天。每年6月上旬至10月上旬，这里气候宜人，月清日明，最热的7月份，一般平均气温在16℃上下，相对湿度63%。由于地处欧亚大陆腹地，远离海洋，光热资源丰富，这里形成了春秋温暖的气候特征.大西洋西风气流暖湿气团的不断涌入带来大量降水，年降水量1000毫米左右，水气通道使这里成为新疆最湿润的绿色世界，空气中负氧离子含量很高。

喀纳斯湖区垂直自然景观带非常明显，在湖边就可看到阿尔泰山7个自然景观带的全貌，它们是黑钙土草甸草原带、山地灰黑土针阔叶林带、山地漂灰土针叶林带、亚高山草甸带、高山草甸带、冰沼土带和永久冰雪带。从山下到山顶，具备了从温带草原至极地苔原冰雪地带的多种自然景观，因此，也为多种类型动植物的生存创造了有利条件。这里现有各种植物近1000种，鸟类100余种，两栖爬行类7种，鱼类8种，昆虫300种以上。在25种木本植物中，以西伯利亚落叶松、云杉、红松、冷杉为主，也是中国惟一的西伯利亚松杉分布地。而貂熊、马鹿、盘羊、松鸡、哲罗鲑（大红鱼)、红鳞鲑（小红鱼）等动物则是受国家保护的珍禽异兽。

喀纳斯河谷，时而平坦如茵，时而悬崖绝壁，“月亮湾”是喀纳斯河拐弯处的一处胜景，但当地的牧民却没有把此景作“月亮湾”的联想，而称其为“脚底湖”，因其外沿还有一个如脚印的漫滩。

喀纳斯的神韵见于景致，也见于它多变的云雾。这里是一个凹陷的山谷，湖水虽然平静，可从喇叭口泻出后汹涌澎湃，只要雨过天晴，气温略有回升，水蒸气就从河面升起，并在山林中散开。而在林间原野中，下了一夜的细雨，潮湿的原野也开始蒸发，晨雾在四周徘徊，山谷里的风又让它们东飘西摇，喀纳斯就成了时隐时现的“仙境”。

喀纳斯湖的神奇美妙之处，更见于湖水随季节和天气不同而变化的色彩。夏季烈日当空，湖水放射出层层乳白色的光华；秋天朗日，湖水又呈湛蓝或黛绿色；阴霾雾瘴的天气，湖面色调一片灰绿；有时则诸色兼备而成七彩湖。据考察，喀纳斯湖之所以成为变色湖的原因，就在于湖盆周边冰川的强烈融蚀作用带来了大量冰碛风化物颗粒，这些悬浮于水中的微粒在不同角度的光照下，会反射出不同颜色的光彩，因而湖水的颜色也就变得奇幻曼妙。喀纳斯湖除了有迷人的风光和丰富的动植物资源，还有着许多“诱人之谜”——“湖怪”之谜、云海佛光之谜、浮木之谜、变色湖之谜……吸引着旅游者去探险猎奇。

西　湖

杭州西湖，位于浙江省杭州市市中心，以秀丽的湖光山色和众多的名胜古迹闻名中外，是我国著名的旅游胜地，也被誉为人间天堂。关于西湖的来历，除了“白蛇传”还有一个广为人知的传说。相传在古时期，天上的玉龙和金凤在银河边的仙岛上找到了一块璞玉，他们一起琢磨这块玉，多年后璞玉就变成了一颗璀璨的明珠，这颗宝珠的珠光照到哪里，哪里的树木就常青，百花就盛开。后来这颗宝珠被王母娘娘发现了，想占有这块玉，便派天兵天将把宝珠抢走，玉龙和金凤赶去索珠，王母不肯，于是就发生了争抢，争抢中王母的手一松，明珠就降落到人间，变成了波光粼粼的西湖，玉龙和金凤也随之下凡，变成了玉龙山（即玉皇山）和凤凰山，永远守护着西湖。其实，西湖原本为海湾，因江潮挟带泥沙长期堆积，日积月累，使海湾与大海隔绝，形成泻湖。耸峙在西湖南北的吴山和宝石山，是当时环抱着这个小海湾的两个岬角。后来由于潮汐的冲击，泥沙在两个岬角淤积起来，逐渐变成沙洲。此后日积月累，沙洲不断向东、南、北三个方向扩展，终于把吴山和宝石山的沙洲连在一起，形成了一片冲积平原，把海湾和钱塘江分隔开来，原来的海湾变成了一个内湖，西湖就由此而诞生了。

西湖风景区历史悠久，人文荟萃，既有秀丽的自然风光，也有众多文化意蕴丰富的名胜古迹。主要景点有定名于南宋的西湖十景：断桥残雪、平湖秋月、三潭印月、双峰插云、曲院风荷、苏堤春晓、花港观鱼、南屏晚钟、雷峰夕照、柳浪闻莺。

平湖秋月景区位于白堤西端，孤山南麓，濒临外西湖。作为西湖十景之一，南宋时平湖秋月并无固定景址，这从当时以及元、明两朝文人赋咏此景的诗词中不难看出。流传千古的明万历年间的西湖十景木刻版画中，《平湖秋月》一图也仍以游客在湖船中举头望月为画面主体。西湖秋月之夜，自古便被公认为是良辰美景，充满了诗情画意。平湖秋月，高阁凌波，倚窗俯水，平台宽广，视野开阔，秋夜在此高眺远望，但见皓月当空；湖天一碧，令人沉醉。　曲苑风荷则以夏日观荷为主。近岸湖面上分布着红莲、白莲、重台莲、洒金莲、并蒂莲等名种荷花，水面上架设了造型各异的小桥，人从桥上过，如在荷中行。

苏堤南起南屏山麓，北到栖霞岭下，全长近3000米，是北宋大诗人苏东坡任杭州知州时，疏浚西湖，利用挖出的葑泥构筑而成的。后人为了纪念苏东坊治理西湖的功绩，将其命名为苏堤。苏堤上的六座拱桥，自南向北依名为映波、锁澜、望山、压堤、东浦和跨虹，苏堤延伸，六桥起伏，走在堤桥上，湖山胜景如画卷展开，风情万种，构成一道路独特的风景线。长堤卧波，连接了南山北山，给西湖增添了一道妩媚的风景线。南宋时，苏堤春晓已成为西湖十景之首，元代又称之为“六桥烟柳”，列入钱塘十景，足见其景观美不胜收。

“南屏晚钟”也许是西湖十景中问世最早的景观。北宋末年，名画家张择端曾经画过《南屏晚钟图》。“南屏晚钟”的情韵由此悠然成型。南屏山一带山岭由石灰岩构成，山体多孔穴，加以山峰岩壁立若屏障，每当佛寺晚钟敲响，钟声传到山上，岩石、洞穴等为其所迫，加速了声波的振动，振幅急遽增大后形成共振，岩石、洞穴便随之产生音箱效应，增强了共鸣。同时，钟声还以相同的频率飞向西湖上空，直达西湖彼岸，遇到对岸由火成岩构成的葛岭，回音迭起。

漓 江

漓江是世界上规模最大、风景最美的岩溶山水游览区，千百年来无数文人墨客为之陶醉。它位于广西壮族自治区东北部，发源于兴安县猫儿山，流经桂林市、阳朔县，像蜿蜒的玉带，一路缠绕着穿行于苍翠的奇峰之中，在梧州市汇入西江。上游称大溶江，从灵渠在溶江镇与漓江汇合口至平乐县城河口的一段，称为漓江，全长160千米。这160千米的山水，人称“百里漓江、千里画廊”。游览漓江因不同的天气景色有不同的特点：晴天，看青峰倒影；阴天，看漫山云雾；雨天，看漓江烟雨。但见江上烟波浩渺，群山若隐若现，浮云穿行于奇峰之间，雨幕似轻纱笼罩江山之上，活像一幅千姿百态的泼墨水彩画漓江风景区是世界上规模最大、风景最美的喀斯特山水旅游区。“喀斯特”一词源于前南斯拉夫的一个地名。喀斯特地貌是指石灰岩受水的溶蚀作用和伴随的机械作用形成的各种地貌，如石芽、石沟、石林、溶洞、地下河等。在水流作用下，地下水对碳酸盐岩不断产生侵蚀作用，形成陡峭的海岸、弯曲的沟壑、高高的悬谷等奇观。具有喀斯特地貌的地区，往往奇峰林立，溶洞遍布。

漓江沿岸是中国喀斯特地貌分布广、发育典型的地区之一，孤峰、峰林、峰丛、喀斯特泉、暗河、反复泉、周期性泉与涌泉等等喀斯特地貌随处可见。风景区内岩溶发育完善，地面奇石遍布，有的峰林簇拥，有的一山独秀，姿态万千。地下更是溶洞密布，多达2000余个，人称“无山不洞，无洞不奇”，犹如神仙洞府。

漓江最著名的山是画山。画山高416米，临江绝壁上有藻类等低等生物死亡后的钙化产物，因而呈现出了颜色不同、深浅有别的山崖色彩带，鲜艳如画，堪称天下奇观。在阳光的照射之下，画山更加呈现出五彩缤纷的亮丽景观，见者无不称奇。

说不尽的漓江景，道不完的漓江情。那里的绿水、青山、翠竹、奇石，仿佛一幅典型的中国水墨画，令人见之而忘俗。

五彩湾

千彩古堡五彩湾位于新疆昌吉州吉木萨尔县城北，乌鲁木齐西北35千米处，是一片茫茫戈壁荒漠中罕见的五彩缤纷的世界，素来以怪异、神秘、壮美而著称，充满了奇丽的色彩。它处在准噶尔盆地东南部广大的沙漠地带，地质历史上是个古湖盆区，由于气候冷热干湿的周期性变化和地壳运动的震荡变化，这里沉积了各种鲜艳的湖相岩层，逐渐形成了五彩湾的天下奇观。准噶尔盆地东南部广大的沙漠地带，曾是个古湖盆区，由于气候冷热干湿的周期性变化和地壳运动的震荡变化，这里沉积了各种鲜艳的湖相岩层，故通称五彩湾。

五彩湾的形成，是大自然伟力淋漓尽致的体现。由于地壳运动，在这里形成极厚的煤层，后几经沧桑，覆盖地表的沙石被风雨剥蚀，使煤层暴露。在雷电和阳光的作用下，裸露在外的煤层发生了剧烈的燃烧，待燃烧殆尽之后，再经亿万年风蚀雨剥，就形成了这光怪陆离的自然景观。五彩湾就像是一幅色彩纷呈的现代派绘画，一座高达米的五彩山岗端立其间，整个造型就像一个身着彩衣，面东而视的沉静美人。其旁另有一峰，稍矮，也酷似少女，和其浑然一色，相偎相依，就像渴盼着远归的亲人。

五彩湾又称五彩城，是由于其状如城郭一般的壮观。五彩城方圆约3平方千米，是由深红、黄、橙、绿、青灰、灰绿、灰黑、灰白等多种色彩鲜艳的泥、页岩互层构成的低丘群。经年风雨将其分割成一座座平顶的彩色山梁，切割成一座座孤立的小丘，岭谷之间的比高一般在10米~30米，高者亦可逾40米，酷似麦垛、金字塔；　五彩湾地貌起伏，奇峰怪石，千姿百态，或蜿蜒如巨蟒；或威武似雄狮；或典雅如仕女；或玲珑似宝塔；让人扑朔迷离，应接不暇。五彩湾不仅风光称奇，还是一座天然宝库，储藏着丰富的石油资源和大量的黄金、珍珠、玛瑙、石英、铁、铝、锌等20多种矿产。在沙漠植被地带还栖居着野驴、石鸡等珍禽异兽，也有如恐龙沟、硅化木、金矿等自然景观和人文景观。

五彩湾在一日中的景色，随着阳光的变化而改变，充满诗情画意。清晨的时候，朝阳初升，山谷中雾气缭绕，那些被阳光镀亮的彩色山丘显得更加玲珑剔透，秀雅而多姿。中午的时候，准噶尔盆地阳光猛烈，五彩的山岭在阳光下仿佛一团烈火，似乎是在熊熊燃烧。黄昏的时候，阳光变得柔和起来，色调也成为了金黄，在落日余晖的映照之下，五彩湾显出一种柔和的美丽，所有的色彩都搭配得天衣无缝。置身于五彩湾，感觉自己犹如走进了一幅大自然描绘的五彩画。

坝上草原

“坝上”是一地理名词，现泛指张家口以北100千米处到承德以北100千米处，统称为坝上地区。就旅游地域而言，主要又分为丰宁坝上、围场坝上、张北坝上和沽源坝上。

因为华北平源和内蒙古高原交接的地方陡然升高，成阶梯状，故名“坝上”。平均海拔高度1500米~2100米，在北纬41°-42°，年平均气温约1.4℃~5℃。它西起张家口市的张北县、尚义县，中挟沽源县、丰宁县，东至承德市围场县。

坝上的风景最为美丽：夏季，这里天蓝欲滴，碧草如翠，云花清秀，野芳琼香，金秋时节，万山红遍，野果飘香；冬季，白雪皑皑，玉树琼花，这里就如一首首优美的诗，一幅幅优美的画。

坝上草原总面积约350平方千米，是内蒙古草原的一部分，平均海拔1486米，最高海拔约2400米，是滦河、潮河的发源地。置身于草清云淡、繁花遍野的茫茫碧野中，似有“天穹压落、云欲擦肩”之感。旅游季节平均气温为17.4℃，是理想的绿色健康旅游休闲胜地。

坝上天高气爽，芳草如茵，群羊如云，骏马奔腾，坝缘山峰如簇，碧水潺潺；接坝区域森林茂密，山珍遍野，野味无穷；上坝后，即可给您怡人的消暑之感。凉风拂面掠过，顷刻间钻进您的衣襟。环顾四野，在茂密的绿草甸子上，点缀着繁星般的野花。大片大片的白桦林，浓装玉肌，层层叠叠的枝叶间，漏下斑斑点点的日影。美丽的闪电河如玉带环绕，静静地流过您的身边。牛群、马群、羊群群栖觅食，放牧人粗犷的歌声和清脆的长鞭声，融合着悦耳动听的鸟声，更给朴实的草原增添了无限的生机。

坝上草原夏季无暑，清新宜人。草甸草原是草原中最好的一类，主要植物为多年生草本植物，高度约30公分-60公分，每当风儿吹过，草原好似碧波荡漾。斑斓的野花，始于坝缘，有的灿若金星，有的纤若红簪，四季花色各异，早晚浓淡分明。在绿草的映衬下分外妖娆。

夜幕之时，明月篝火，是诉说情话的好去处；你可以到篝火旁同南来北往的游客尽情地攀谈、跳舞、唱歌；还可以独自坐在草原上，享受独处的妙趣。清晨起床，你可以踏着软软的天然草毡，聆听百鸟清脆的歌声；也可去看看草原的日出。一轮红日冉冉升起，绿叶上晶莹透明的露珠，立刻变成了闪烁的珍珠；各种植物转眼一片嫩绿，马群，牛群、羊群也在广阔的草原上开始蠕动，真是一片“天苍苍、野茫茫，风吹草低见牛羊”的草原胜景。

九寨沟

1992年12月4日，九寨沟被联合国教科文组织批准列入世界自然遗产名录，它位于四川省阿坝藏族羌族自治州境内，因周围有9个藏族村寨而得名。九寨沟地处岷山山脉，海拔2000米~4300米，是长江水系嘉陵江源头的一条支沟，由日则沟、树正沟和则查娃沟3条沟组成。高山湖泊群和瀑布群为其主要特色，集翠海、瀑布、彩林、雪峰及藏情为一体，因其独有的原始自然风光，变幻无穷的四季景观，丰富的动植物资源而被誉为“人间仙境”、“童话世界”。

九寨沟原始秀丽的风光主要分布在呈“丫”字形的3条主沟中，总面积720平方千米，景区内有108个翠海（高山湖泊），17个瀑布群，并有多处大面积钙华滩流。著名的景点有剑悬泉、芳草海、天鹅湖、剑竹海、熊猫海、高瀑布、五花海、珍珠滩瀑布、镜海、树正瀑布、犀牛海、诺日朗瀑布、树正群海、卧龙海、火花海、芦苇海、留景滩、长海、五彩池、上下季节海等。

九寨沟是中国著名的自然保护区之一。覆盖面积为200平方千米，在2000米~4000米的高山上垂直密布。主要品种有红松、云杉、冷杉、赤桦等。在这片原始森林中，栖息着珍贵的大熊猫、白唇鹿、苏门羚、扭角羚、毛冠鹿、金猫等动物。海子中野鸭成群，天鹅、鸳鸯也常来嬉戏。九寨沟有五绝：翠海，叠瀑、彩林、雪峰、藏情，每一绝都充满了独特的魅力。

水是九寨沟的精灵，也是九寨沟美景的精髓所在。每当风平浪静之时，湖面平如明镜，但见碧空如洗，白云朵朵，远山苍翠，树木葱郁，无限景致尽在湖中倒映，真幻难分。

九寨沟内闻名遐迩的海子，由400多个形态、水色各异的高山湖泊连缀组成。由于地势平坦，彩池中的水大都深不盈寸。来自高山的雪水和涌出地表的岩溶水，随着流速变缓、地势起伏和枯枝乱石的阻隔，水中富含的碳酸钙开始凝聚，发育出固体的钙华埂，使流水潴留成层叠相连的大片彩池群。碳酸钙沉积过程中，又与各种有机物、无机物结成不同质地的钙华体，加上光线照射的种种变化，在清澈的海子之中，鹅黄、黛绿、赤褐、绛红，翠碧等不同的色彩相继呈现，相互浸染，斑驳陆离，仿佛一匹艳丽的五色锦缎。随着视角的移动，色彩也在不断地变化，一步一态，变幻无穷。清风过处，湖面也泛起阵阵波澜，五彩之色随之而波动，璀璨明艳，恍如燃烧的海洋，形成湖水同源而色泽不一的绮丽景观。

九寨瀑布是另一独特风景。几乎所有的瀑布全都从密林里狂奔出来，奔流不息，气魄雄浑，景象极为壮观。这里有宽度居全国之冠的诺日朗瀑布，它从高高的翠岩上飞泻而下，落差20米，并呈多级跌宕，形成叠瀑，似群龙竞跃，声闻数里，激溅起无数小水珠，犹如万斛珍珠。在朝阳照射下，瀑布上常常出现奇丽的彩虹，使人赏心悦目，流连忘返。

彩林被誉为九寨沟五绝之一，覆盖了景区一半以上的面积。彩林内生长着2000多种植物，争奇斗艳；林中遍布奇花异草，或色彩绚丽，或浓绿阴森，千姿百态，神秘莫测；林地上积满厚厚的苔藓，散落着鸟兽的翎毛，充满着原始气息的森林风貌，使人产生一种浩渺幽远的世外天地之感。2000平方千米莽莽苍苍的原始森林，随着季节的变化，呈现出种种奇丽风貌。

九寨沟3条沟谷，层峦叠嶂，山势挺拔，眺望远方，皑皑雪峰，尽收眼底。艳阳之下，雪峰反射出耀眼的银光，使人目眩。登上尕尔纳山，极目远眺，山峦逶迤起伏，谷壑幽深迷离，天空云海茫茫，千变万化，云端中峰峦时隐时现，沉浮升降，似乎在天宇中游弋。

九寨沟长期以来即为藏族聚居地，神秘凝重、地域特色鲜明的藏族文化与奇异的山水风光融为一体，相得益彰。九寨沟是由于沟内的9个寨子而得名的。这9个寨子又称为“何药九寨”，虽然居住的都是藏族人，但这里藏胞的语言、服饰和习俗，与四邻的藏胞都有着较为明显的差异，构成了独特的九寨藏情。

据考证，九寨居民的祖先原来生活在甘肃省的玛曲，属于阿尼玛卿山脚下的一个强悍的部落，唐代随松赞干布东征松州时留在了白水江畔。在《唐书吐蕃传》中记载了这段历史，唐初吐蕃东征时，松赞干布以勇悍善战的河曲部为先锋，一举占领松州，后部分人马被留在了弓杠岭下，九寨沟的色嫫山名及蛾落色莫的传说都是源于河曲。

九寨沟的藏族同胞有着值得子孙后代骄傲的爱国主义历史。1841年8月，英军力犯闽浙沿海，道光帝下令调遣兵勇，收复失地。奉调赴战的川军，有一支是来自金川、松州羊峒58寨的藏族同胞。他们于1842年抵达江浙前线，先期到达预定地点，不料受到英军伏击。藏兵们不惧生死，舍身杀敌，付出了重大牺牲。他们身上表现出的大无畏气概，令英军心惊胆寒。

神奇的九寨沟，因其独有的原始景观，丰富的动植物资源，原始的生态环境一尘不染的清新空气和雪山、森林、湖泊组合成神妙、奇幻、幽美的自然风光，吸引着世人的瞩目。

万里长城

长城西起嘉峪关，东到鸭绿江，途经甘肃、宁夏、陕西、山西、内蒙古、河北、北京、天津、辽宁9个省、市、自治区，随着不同的地形、山势和地貌而筑，大都建在山岭最高处，全长6700千米（13400华里）以上，号称万里长城。

长城是由烽火台和列城等单体建筑发展起来的。初建的是彼此相望的烽火台，或是连续不断的防御城堡，而后用城墙把它们联系起来，便成了长城。其中从鸭绿江到山海关段，由于工程比较简单，毁坏较为严重。山海关到嘉峪关段，工程较为坚固，保存也较完整。最早修筑长城的是楚国，大约在公元前7世纪。其后各代帝国都曾经大规模修筑或增筑长城。明代是长城修筑史上最后一个朝代，其修筑规模之宏大，防御组织之完备，所用建筑材料之坚固，都远远超越了以前的各个朝代。

明代万里长城西端的险要关隘嘉峪关，雄峙于祁连雪峰与嘉峪黑山之间的岩岗上，地势险峻，气势雄伟，以巍峨壮观著称于世。嘉峪关关城始建于明洪武五年（1372），是长城沿线保存最完整的一座雄关。地处古“丝绸之路”必经之地，东西交通的咽喉要道。关城由内城、瓮城、罗城、外城、城壕组成，城上还建有箭楼、敌楼、角楼、阁楼、闸门楼10余座。出关西行百余米，有一碑刻，上书“天下雄关”，和东隔万里之遥的“天下第一关”山海关遥相呼应，互争雄姿。

三关口明长城位于银川市西40余千米的贺兰山南部。此关口是宁夏与内蒙古阿拉善左旗的交界地，银川至巴彦浩特公路穿关而过，在关口处可看到残断长城遗址。三关即从东向西，设头道卡、二道卡和三道卡，后人称之为三道关。这里山脉蜿蜒曲折，地形雄奇险峻。原两山夹峙的山坳中，建有关隘。三关口长城是明嘉靖十年（1531）宁夏佥事齐之鸾耗巨资修筑的。此关两山相夹，山谷狭窄，一水中分，山陡壁峭，仰望山峰巍峨，下视谷底险峻，地形十分险要，颇有“一夫当关，万夫莫开”之势。

恒山沿山西省代县北部逶迤而下，内长城蜿蜒于山巅。此处是太行山的一个横断山脉，古称句注山，也称为雁门山。自从在雁门山上建关后，更有“一夫当关，万夫莫开”的气势。关前后左右群山绵延，切断了塞北高原通向山西及华北平原的一条重要通道。雁门关自唐代建关以来，一直都是重要的军事关口。相传每年春来，南雁北飞，口衔芦叶，飞到睚门盘旋半晌，直到叶落才能够过关。因此有“雁门山者，雁飞出其间”的说法。“三关冲要无双地，丸塞尊崇第一关。”整个雁门关关城的建筑，虎踞龙盘，雄伟壮观。明清以后，关城虽屡有重建。但随着多民族统一国家疆域的逐步形成，内长城作为“内边”的作用已经失去，所属的雁门雄关也随之荒废。

八达岭长城是目前保存较为完好的长城城段之一，位于北京延庆县西南，距市区约75千米，因“出居庸关，北往延庆州，西往宣镇，路从此分”而得名。八达岭地处要冲，具备很高的军事价值，历代帝王也非常注重这里的防御，自明初开始，不断在此处修建长城。此处长城的修建，多用条石和城砖砌筑，非常坚固，沿城还设有多个不同用处的墙台。作为居庸关的外围关口和防卫前哨，八达岭长城的关城有东西两扇门，东门题额“居庸外镇”，西门题额“北门锁钥”。沿城每隔三五百米筑有方形城台，高出墙顶。四周砌有城垛，按不同功能分墙台、敌台、战台等多种结构。

黄崖关长城位于天津蓟县境内，东起半拉缸山，西迄王冒顶山，北齐时开始建造，到了明代又大修了一遍。长城全线总长3025米，全部建造在陡峭的山脊上。东面是悬崖峭壁，西侧因地制宜修筑了砖墙、石墙以及险山墙、劈山墙等多种形式的城墙。因为这里地势极为险要，所以黄崖关关城采取了丁字形和曲尺形街巷的布局方式，这样即使关门被打破，敌人进入关口也会在里面四处乱撞，而熟悉地形的守关士兵就能以关城内部的建筑为保障，二次作战。

山海关历来作为万里长城的终点而闻名于世。山海关古称榆关，又称为渝关、临闾关，在河北秦皇岛市以东10多千米处。山海关的城池建筑于明代，筑城人是明朝开国名将徐达，整个城池与长城相连，城池就是关口。城高14米，厚7米。全城有4座主要城门，还建有多种古代防御建筑，气势宏伟、结构严谨、层次分明，是一座防御体系比较完整的城关。登上山海关城楼北望，万山重叠，万里长城如一条昂首的巨龙跃上群峰，蜿蜒起舞，景色异常壮观。往南看，乃是波澜壮阔的渤海，长城从山海关直逼海中。如果把万里长城比作一条翻山越岭的巨龙，那这些伸人海里的建筑就恰似龙首在吞波吐浪，因此人们把它称为“老龙头”。山海关箭楼上的横额巨匾——“天下第一关”，笔法苍劲有力，庄重洒脱。

长城修筑距今已有2000多年，虽已失去防御上的作用，但仍巍然屹立，显示中华民族悠久的历史，反映中国古代建筑工程技术的伟大成就，表现中国古代各族劳动人民的坚强毅力与聪明才智，体现中国自古以来形成的积极防御的战略思想。

北京故宫

北京故宫，原名“紫禁城”，始建于明永乐年间，历时14年建成。它规模宏大，占地7.2平方千米，建筑面积为1.5平方千米，有房屋9000多间，黄色琉璃瓦屋顶、蓝色护城河和红色围墙把它与外界隔开。从建成到封建帝制结束，近500年间共有明、清两代24位皇帝在此登基继位。它是一座壁垒森严、巍峨壮观的宫殿，也是世界上规模最大、最完整的古代宫殿建筑群，是最大的历史博物馆。

故宫的建筑都严格遵循对称的规则，沿一条南北走向的中轴线排列。而这条中轴线上的建筑，更是故宫的重心，这些建筑都坐北朝南，体现着皇帝的至尊。故宫可分为前朝和内廷两部分，二者界线在乾清宫，以南为前朝，以北为内廷。前朝和内廷的建筑无论从风格和功用上均不相同。前朝高大宽敞，富丽堂皇，是皇帝会见群臣、处理政事、举行重大庆典的地方；而内廷的房间相对狭小紧凑，是皇帝皇后及嫔妃生活起居的地方，并且后廷宫院等级分明，都体现在建筑规模、形式、间数、层顶装饰及所在位置上。

故宫的前朝包括最南端的故宫的午门，后面的太和门及所谓三大殿：太和殿、中和殿、保和殿。

保和殿北面就是故宫的“内廷”，这里是真正的皇家禁苑。从前到后包括乾清宫、交泰殿、坤宁宫、御花园。

乾清宫是进入乾清门内的第一个内廷大宫殿，正中设有宝座，分东西暖阁，是明、清两个朝代皇帝的寝宫和日常活动的场所。明代皇帝14位都住在乾清宫。清代皇帝自乾隆住到了养心殿，后来便一直住在那里。但有一项惯例没有改：皇帝无论驾崩在哪里，遗体必须停放在乾清宫，以示“寿终正寝”，因此乾清宫仍是皇帝的“正寝之所”。

坤宁宫建于明永乐年间（1403~1424）。清顺治二年（1645）则按着满族的风俗习惯重新改建，宫内格局完全依照沈阳清朝故宫清宁宫的样式布置。内有东暖间，这是皇帝大婚的洞房。坤宁宫与乾清宫的名字和功用都是对应的。清、宁二字都是安定、祥和的意思。坤宁宫在明代就是皇后的寝宫。虽然到了清代，情况有所改变，但坤宁宫仍是“正宫”。

紫禁城是封建帝王统治的历史见证，其传统的建筑艺术和丰富珍贵的历史文物，更是劳动人民智慧的结晶。

天坛

天坛是明清两代帝王祭天祈谷、夏至祈雨、冬至祭雪的圣地，是中国现存最大的一处坛庙建筑，始建于明永乐十八年(1420)，原名“天地坛”。因嘉靖九年（1530）立四郊分祀制度，于嘉靖十三年（1534）改称天坛，后又经清乾隆、光绪帝重修改建后，才形成天坛现在的格局。天坛占地27平方千米，比北京故宫还大2倍多。二重垣墙，形成内外坛，垣墙南方北圆，象征天圆地方。圜丘坛在南，祈谷坛在北，二坛同在一条南北轴线上，中间有墙相隔。圜丘坛内主要建筑有皇穹宇等，祈谷坛内主要建筑有祈年殿、皇乾殿、祈年门等。

圜丘坛是皇帝祭天活动的场所，又叫“祭天坛”、“拜天坛”、“祭台”。始建于明嘉靖九年（1530），清乾隆十四年（1749）扩建。坛的外面有两道土遗墙，第一重为方形，第二重为圆形，象征“天圆地方”。

中国古代认为9为数之极，是最尊贵的象征，因此圜丘坛建筑与9关系极为密切。圜丘坛的中心是一块圆形大理石（称作天心石）。从中心面向外，3层台面每层都铺有9环扇面形状的石板，上层第1环为9块，第2环为18块，第3环为27块，到第9环为81块；中层从第10环的90块到第18环的162块；下层从第19环的171块到第27环的243块。3层总计是378个9，共3402块，象征九重天。圜丘坛四周长160.2丈，总高度5米，分上中下三层，下层直径70米，中层50米，下层直径30米，3个数相加等于150米（合45丈），刚好合了“九五之尊”的说法。四面石栏上雕刻花纹的石板数也有规定的数目，第一层每面栏板45块，四面共180块，由20个9组成；第二层海面栏板27块，四面共108块，由12个9组成；第三层海面栏板18块，四面共72块，由8个9组成。3层台面的栏板总数为360块，正合历法中一“周天”的360'。

圜丘坛北面就是皇穹宇。皇穹宇是供奉皇天上帝和皇帝祖先牌位的地方。它的门楼、墙顶、殿瓦、殿顶，在明朝全用绿色琉璃瓦，清乾隆十七年（1752）重修时，将门楼、殿瓦、墙顶全都换成蓝琉璃瓦，围墙的墙身则用蓝色玻璃砖嵌砌。皇穹宇周围的围墙呈圆形，表示天象。墙面整齐光滑，弧度规则，是天坛中著名的“回音壁”。

从皇穹宇出来，沿丹陛桥向北直通祈年殿。祈年殿是一座有鎏金宝顶，3层重檐的圆形大殿，采取上屋下坛的构造形式，是昔日北京城最高的建筑之一。整座祈年殿高38米，直径30余米，三层殿顶均覆以深蓝色的琉璃瓦，呈放射状，逐渐收缩向上，这种奇特的造型给人一种拔地而起，高耸入云的感觉。祈年殿是全木结构建筑，28根大柱支撑着整个殿顶的重量，中间4根支柱称通天柱，又名“龙井柱”。三层殿脊以鎏金斗拱作支撑、卯榫交叉，独具匠心。殿内梁枋大木和天花，均采用龙凤合玺彩画，装饰精美。

祈年殿的前身是“大祀殿”，是合祀天地神的地方。乾隆时大修后改为祈年殿，专祀“皇天上帝”，因此大殿按敬天祈神的规格而建。殿为圆形，象征天圆。瓦用蓝色，象征蓝天。殿正中有4根高大的通天柱，象征一年有春、夏、秋、冬四季。中层有金柱12根，象征一年的12个月。外层的12根檐柱，象征一天的12个时辰。中、外层相加24根，象征一年的24个节令。3层相加共28根，象征周天二十八星宿。再加上顶部8根童子柱，为36根柱，象征36天罡。大殿宝顶中心的雷公柱，象征着皇帝的“一统天下”。

天坛，是中国明清时代最神圣的地方，因为它象征着皇天。天坛以其恢宏并且具有高度艺术成就的建筑，一直以来激动着前来游览的人们的心灵。

布达拉宫

关于布达拉宫的记载，最早可追溯到公元6世纪，当时雅砻部落第27代赞普拉托托日年赞称："居拉萨红山之顶"。公元7世纪初，吐蕃第32代赞普松赞干布迁都拉萨后，"筑王宫十红山顶居之"。不久，又大兴土木，建一座更大的城堡，"高达三十围墙，既高且阔，每边一里余"。城内红宫九百间，合顶上之王宫，共1000间。但不幸的是，这座美丽的宫殿并没有能够完整地保存下来。据藏文史书《如意宝座》所述，在公元8世纪赤松德赞时期，布达拉宫曾遭雷电击毁。又据《卫藏通志》载："后因藏王微松作乱，官兵拆毁布达拉宫，仅剩观音佛堂一所。"也就是说，这座先人奇迹般建造起来的建筑群，先是遭雷击失火，继而毁于兵燹。卓期建筑的遗迹，仅剩下"曲杰竹普"（法王洞）、"帕巴拉康"（超凡佛殿）两处了。

松赞干布、文成公主和赤尊公主等人物的塑像，亦是当年幸免于难的余存。

一直到公元17世纪中叶，五世达赖阿旺罗桑嘉措才开始对久已失修的布达拉宫进行重建。

五世达赖喇嘛罗桑嘉措，生于1617年。1624年他建立了黄教的噶丹颇章政权，1645年开始重新大规模修缮布达拉宫的白宫部分。

1652年，五世达赖应邀觐见顺治皇帝，被册封为“西天大善自在佛所领天下释教普通瓦赤喇怛喇达赖喇嘛”，授予满、汉、蒙、藏4种文字的金册、金印。自此以后，“达赖喇嘛”这一封号和达赖在西藏政治、宗教上的地位才正式确定下来。白宫竣工后，五世达赖喇嘛便从哲蚌寺的噶丹颇章宫移居至白宫顶上的森琼尼威宫。五世达赖晚年专心著作，1682年圆寂于布达拉宫。

1690年2月，摄政第巴桑结嘉措在五世达赖喇嘛圆寂后的第8年，着手建造五世达赖灵塔，并扩建红宫和朗杰扎仓等重大建筑。经过3年浩浩荡荡的施工，于1693年（藏历水鸡年）完工，当年藏历4月20日举行了隆重的红宫落成典礼，并在宫下立一无字石碑，以志纪念，此碑至今完好无损。宫殿内部和一些附属建筑物则到1696年才全部建成。此后，历辈达赖均予以维修和少量增建。到十三世达赖喇嘛土登嘉措时，又掀起了一次扩建高潮。十三世达鞍喇嘛圆寂之后，1936年在红宫之西建造了格列顿觉（吉祥如意）殿，安放十三世达赖灵塔。至此，布达拉宫才基本具有现在的完整规模。

布达拉宫按照红山的自然地形由南麓梯次修到山顶，海拔为3763.5米，主楼高115.7米，其中红宫外显13层，宫内实具9层之高，东西白宫最高处达7层。布达拉宫东西长360多米，南北宽270米，总建筑面积13万平方米，建筑群占地36万平方米。

整个宫殿建筑为土石木结构，是由多层的矩形平面毗连而成，层次错落，弯弯曲曲，平面组合十分复杂，其建筑结构充分体现了邸宅与碉堡相结合的藏族建筑传统风格。宫殿的外部颜色是明亮的白、黄、红三色，与佛教传统密切相关。白色象征恬静、和平，黄色象征圆满、齐备：红色象征威严力量。

布达拉宫不仅是藏式建筑工艺的典范，同时还是藏族艺术精品和珍贵文物的宝库。走进布达拉宫，幽深的廊道，错落有致的殿堂，金光四溢的灵塔，数不尽的珍宝、佛像，看不完的壁画、唐卡……仿佛走进了西藏的千年历史长河。体验藏族建筑的独特意境，欣赏璀璨绚美的艺术珍品，谛听慈爱的祝祷与唱颂，感悟精神世界里的纯洁与宁静，这一刻西藏千年的历史，似乎全部浓缩在这里。

承德避暑山庄

避暑山庄又称热河行宫或承德离宫，占地约54.6平方千米，是中国最大的皇家园林，原是清代皇帝避暑和处理政务的地方。避暑山庄的兴建和清代政治关系颇深。

17世纪下半叶，康熙皇帝为了加强北部边疆的管辖，实行每年一次北巡，与蒙古王公贵族进行富有政治意义的狩猎活动，以联络感情，巩固政治统治。于是，自康熙四十二年（1703）开始动工，在承德开始营建行宫。初步建成于康熙四十七年（1708）。避暑山庄建成后，康熙每年陪太后携儿孙居住在这里将近半年，届时各个蒙古王公都到这里拜谒康熙，参加围猎，接受赏赐，有效地联络了感情。

康熙还亲自给避暑山庄四字题名了36处胜景。后来乾隆又对避暑山庄进行了大规模扩建和改造，使庄内主要景观超过了

372处，但为了不超过其祖父的36处，乾隆对其中的36处进行三字题名，共得72景。避暑山庄于乾隆五十五年（1790）完工。

避暑山庄有宫墙一万米，宫墙形似长城。墙内分宫殿区和苑景，墙外星罗棋布着宏伟壮观的寺庙群，共有12座寺庙，其中的8座由清政府直接管理，故被称为“外八庙”。

宫殿区在山庄的南部，是清代皇帝在庄内处理政务、举行庆典、会见外国使臣和帝后居住的地方，包括正宫、松鹤斋、万壑松风、东宫四组宫殿建筑。

宫殿区的最南端是丽正门，丽正门也是山庄的正门。过了丽正门，再经阅射门就见“避暑山庄”4个大字高悬。这4个字是康熙皇帝亲笔书写的。接着便是重重院落组成的正宫了，正宫共有9间建筑，显示皇帝“身居九重”。正宫主要有澹泊敬诚殿、四知书屋、烟波致爽殿、云山胜地楼等。

澹泊敬诚殿是正殿，殿名取自诸葛亮名句“非澹泊无以明志，非宁静无以致远”。澹泊敬诚殿面阔7间，进深3间，单檐歇山顶，布瓦顶，整个大殿的全部构件均用珍贵的楠木制成，古朴典雅，芳香浓郁。乾隆四十五年（1780），皇帝曾在这里会见了西藏政教首领六世班禅额尔德尼，密切了西藏与清政府的关系。如意岛是湖区中最大的一岛，坐落于整个湖区的最高点澄湖东岸，有延薰山馆、一片云、沧浪山岛等12个景点。延薰山馆在如意岛中部，是一组西湖三进院落，第一进是无暑清凉，是康熙36景中的第三景。延薰山馆是歇山卷棚顶建筑，大殿面宽7间，两侧配殿各5间，是康熙早期处理国务、接见使臣的地方。

湖区北部，即是平原区，有一片面积千余亩的平原。这里榆树茂密，牧草丛生，羊群出没，一派北国风光。这里有文津阁、万树园、永佑寺、千尺雪等建筑。

文津阁占地约3600平方米，始建于乾隆三十五年（1770），仿浙江范氏天一阁藏书楼兴建。外观是两层重檐，内部三层结构：阁前有台，台下是水池。文津阁曾藏有《四库全书》一部，它与北京故宫的文渊阁、圆明园的文源阁、沈阳故宫的文溯阁统称“北方四阁’。

山区中的梨树峪主要是以梨树见胜。松林峪是梨树峪的支峪，一眼望去，松林遍谷，山泉野涧汩汩流水不绝。两峪之间主要有澄泉绕石、梨花伴月、四面云山等景点。澄泉绕石，可见亭下泉水不断从岩缝涌出。行至北山坡，又是一组布局严整的建筑群，门殿3楹，3层殿阁，四周回廊环抱，殿外有廊、廊外有殿，素瓦盖屋，周围遍植梨树，这便是梨花伴月。

避暑山庄曾经一度成为清王朝的第二政治中心，然而从乾隆皇帝之后，清朝的皇帝们逐渐远离了这座行宫，但是，避暑山庄气势宏大的建筑与其深厚的政治文化内涵，一直为人们所珍视。

龙门石窟

龙门石窟始开凿于北魏孝文帝迁都洛阳前后，历经东西魏、北齐、北周，到隋唐至宋等朝代又连续大规模营造达400余年之久。龙门石窟密布于伊水东西两山的峭壁上，全长1000多米，现共存佛洞、佛龛2345个，佛塔40多座，佛像10万多尊。其中最大的佛像高达17.14米，最小的仅有2厘米。另有历代造像题记和碑刻3600多品，这些都体现出了中国古代劳动人民极高的艺术造诣。

龙门石窟群，大部分集中在伊水西岸的崖壁上，其中大型洞窟29个，伊水东岸崖壁上全是唐代窟龛，其中有7个大型洞窟。在龙门石窟中，北魏时期（420~534）的洞窟具有代表性的有古阳洞、宾阳中洞、莲花洞、普泰洞、魏字洞和石窟寺等；东魏时期（534~549）窟龛具有代表性的有路洞和一些小龛，北齐时期（550~577）作品具有代表性的要算药方洞和一些小龛造像，隋代作品（581~618）的代表是宾阳南洞北壁的梁佩仁造像龛等，唐代（618~907）的洞窟，具有代表性的有潜溪寺、宾阳北洞、敬善寺、万佛洞、惠简洞、赵客师洞、奉先寺、龙华寺、极南洞以及东山的看经寺、擂鼓台诸洞。

龙门石窟中潜溪寺是人们最先到达的一个洞窟。它又名斋跋堂，开凿于初唐。由于寺下有泉迸流，故名。其洞中刻一佛、二弟子、二菩萨和三天王。二菩萨丰满圆润，造型敦厚，双目炯炯有神，十分出色。

宾阳洞有3窟，开凿时间长达24年之久，洞中佛像体现了北魏、隋唐等不同时代的艺术风格。宾阳洞一般是指宾阳中洞。宾阳洞洞窟正壁刻主像释迦牟尼，左右两边有弟子、菩萨侍立，佛和菩萨面相清瘦，目大颈平，衣锦纹理周密刻画，有明显西域艺术痕迹。窟顶雕有飞天，挺健飘逸。据说，洞口两壁上还有一幅浮雕“帝后礼佛图”，造型别致，构图美妙，后被盗凿。

万佛洞在宾阳洞南边，洞中刻像丰富，南北石壁上刻满了小佛像，很多佛像仅几厘米高，计有1500多尊。正壁菩萨佛像端坐于束腰八角莲花座上，束腰处有四力士，肩托仰莲。后壁刻有莲花54枝，每枝花上坐着一菩萨或供养人，壁顶上浮雕伎乐人，个个婀娜多姿，形象逼真。洞口南壁上还有一座观音菩萨像，手提净瓶，体态圆润丰满，姿态优美，特别传神。

奉先寺是龙门唐代石窟中最大的一个石窟，此窟开凿于唐代武则天时期，历时3年。洞中像像体现了唐代佛像艺术特点，面形丰肥、两耳下垂，形态圆满、安详、温存、亲切，极为动人。

石窟正中卢舍那佛坐像为龙门石窟最大佛像，身高17.14米，头高4米，造型丰满，仪表堂皇，衣纹流畅，具有高度的艺术感染力。卢舍那佛像两边还有弟子、菩萨、天王、力土等造像，二弟子迦叶和阿难；形态温顺虔诚，二菩萨文殊和普贤；神情和善开朗；天王手托宝塔，显得魁梧刚劲而力土像更为动人了，只见他右手叉腰，左手合十，威武雄壮。

龙门石窟虽然是佛教文化的艺术表现，但它也折射出当时政治、经济和社会文化时尚。龙门石窟为研究北魏到唐、宋这一时期的历史、文化、民俗及雕刻、绘画、建筑，服饰、乐舞、书法、医药以及中外友好往采和文化交流的历史，提供了极为珍贵的资料，无愧为一座丰富多彩，包罗万象的博物馆。

苏州园林

最早的苏州园林可上溯到公元前6世纪春秋时的吴王园囿，私家园林最早见于记载的是东晋的辟疆园。据《苏州府志》，苏州园林在周代有6处，汉代4处，南北朝14处，唐代7处，宋代118处，元代48处，明代271处，清代130处。至今仍保存开放的有十几处。

与西欧古典主义园林对称的布局、整饬的建筑格局相异，中国园林则追求因地制宜，顺其自然，循例自然。园林布局变化多端，用建筑、花木、围墙、假山来阻隔视线，同时又用曲廊、虹桥、幽径、漏窗、池水使视线不断，而又令人几经周折不能窥得其全貌。山径、石路、溪流都是委婉曲致，景色自是连绵不断，但在一个位置上只能清晰地看见景致的一部分，其他的则若隐若现，美妙极致的景色似乎总在未到的地方招引着你去欣赏。

拙政园是苏州最大的园林，占地51950平方米，它与北京颐和园、承德避暑山庄、苏州留园并称为中国四大园林，主要代表明代风格。

拙政园位于苏州娄门东北街，初为唐代诗人陆龟蒙的住宅，元代为大宏寺。明嘉靖正德年间，监察御史王献臣弃官还乡而改为拙政园，取晋代潘岳《闲居赋》："筑室种树，逍遥自在，灌园鬻蔬，以供朝夕之膳……此亦拙者之政也"之意。王献臣死后，儿子将园林睹输。后来几度易手，现在的拙政园是清同治十年（1871）巡抚张之万恢复拙政园旧时的名称，并把西边的补园与东边的归田园居并入拙政园内，成为苏州最大的园林。

拙政园以山水并重，水面占全面积3/5。总体布局以水池为中心，楼，台、亭、榭沿池畔而建，整座园林如浮在水上。就简略繁，实中有虚，虚中有实的艺术手法，巧妙地把平淡景观渲染出绚烂之盛的深邃意境。粼粼池水中，遍种莲花，许多堂，亭、轩都结合莲花命名，如远香堂，荷风西亭等，可以说拙政园是个观赏莲花的好去处。园中建筑朴素，平淡而隐有天真开朗的风格，颇合拙政之名。

留园地处苏州市阊门外留园路，占地约20000平方米。明万历年间（1573~1620）太仆寺少卿徐泰营造东西两园。清乾隆末年，东口网师园花窗小景.花窗与窗外的风景相映衬，精致巧妙，手法写意，给人以一种强烈的诗情画意之感.园为刘恕所得，嘉庆三年（1798）重修取名寒碧庄，俗称刘园。光绪二年（1876），官僚盛康据有此园，加以扩建，取刘字谐音，改名为“留园”。

留园分为中东西三部分。中部为东园与寒碧庄旧址，是全园的精华。这里有清池一泓，池西北山丘高低起伏，老树浓荫，池东南的清风池馆，濠濮亭、涵碧山庄，绿荫轩等错落有致，虚实相间；在池水周围的长廊上嵌刻历代书法家的300名幅法帖，称为“留园法帖”，其中最为著名的是王羲之，王献之父子的法帖。

而苏州其他古典名园也各著其美，如网师园、沧浪亭、狮子林，艺圃、耦园、退思园，或以叠山理水胜出，或以因借布局构奇，或以意境深远显长，不一而足。其园林中种种深幽情致，笔力难逮，必须去亲历体验方能得窥其中奥妙。

鼓浪屿

1842年，鸦片战争后，英、美、法、日、德、西、葡、荷等13个国家曾在岛上设立领事馆，鼓浪屿变为了“公共租界”。一些华侨富商也相继来此兴建住宅、别墅，办电话、自来水事业。太平洋战争爆发后，日本独霸鼓浪屿；直到抗日战争胜利，1949年10月17日，鼓浪屿回归祖国。

鼓浪屿街道短小，纵横交错，清洁幽静，空气新鲜，岛上树木苍翠，繁花似锦，特别是小楼红瓦与绿树相映，显得格外漂亮。鼓浪屿楼房鳞次栉比，掩映在热带、亚热带林木里，日光岩奇峰突起，群鸥腾飞……组成一幅美丽的画卷。鼓浪屿是“建筑博览馆”，许多建筑有浓烈的欧陆风格，古希腊的三大柱式陶立克、爱奥尼克、科林斯各展其姿，罗马式的圆柱，哥特式的尖顶，伊斯兰圆顶，巴洛克式的浮雕，争相斗妍，异彩纷呈，洋溢着古典主义和浪漫主义的色彩。

日光岩俗称“岩仔山，”别名“晃岩”，耸峙于鼓浪屿中部偏南，与厦门的虎头山隔鹭江相望，史称“龙虎守江”。日光岩海拔92.7米，是鼓浪屿的最高峰。山间磴道盘旋，迂回曲折，日光岩上的摩崖石刻有80多处，有张瑞图、何绍基、郑成功、丁一中、许世英、蔡元培、蔡廷锴、蒋鼎文等人的诗文题刻，其中以“鼓浪洞天”、“鹭江第一”、“天风海涛”等尤为著名，是日光岩上的一大文化景观。以明万历元年（1573）丁一中所题“鼓浪洞天”为最早，距今已经有400多年的历史了。

日光岩顶就是天风台，是鼓浪屿的最佳观景点。放眼四顾，厦门市区、鼓浪屿全岛、环鼓浪屿的大海，厦门大学、海沧大桥，九龙江人海口、南太武屿仔尾漳州港，或远或近，一览无余。游厦门不登日光岩，不算到厦门！

周 庄

“江南好，风景旧曾谙，日出江花红胜火，春来江水绿如蓝，能不忆江南。”白居易的一阕《忆江南》，让古今多少人对江南的秀丽风光神往不已。江南之美，就美在江南的水。周庄，是一个汇集中国水乡之美的地方。

周庄属江苏省昆山市，地处沪宁经济走廊，北距昆山市区30千米，东距上海市区60千米，西距苏州市区38千米，交通便捷。

周庄地域春秋时期至汉代有“摇城”之说，相传吴王少子摇封于此，在镇郊太师淀中发掘到的良渚文化遗物，也证明了这一点。周庄镇旧名贞丰里，北宋年间（1086），周迪功郎信奉佛教，将良田200亩捐赠给全福寺作为庙产，百姓感其恩德，将这片田地命名为“周庄”。但那时的贞丰里只是集镇的雏形，与村落相差无几。1127年，金二十相公跟随宋高宗南渡。迁居于此，此地人烟才逐渐稠密。元朝中叶，颇有传奇色彩的江南富豪沈万三之父沈佑，迁居周庄，因经商而逐步发迹，使周庄出现了繁荣景象，由原来的小集迅速发展为商业大镇。沈万三利用白蚬江西接京杭大运河、东北接浏河的优势，出海贸易，将周庄变成了一个粮食、丝绸及多种手工业品的集散地和交易中心，使周庄的手工业和商业得到了迅猛的发展，主要产品有丝绸、刺绣、竹器、脚炉、白酒等。

周庄环境幽静，建筑古朴，虽历经900多年沧桑，仍完整地保存着原来的水乡集镇的建筑风貌。全镇60%以上的民居仍为明清建筑，仅有0.47平方千米的古镇有近百座古典宅院和60多个砖雕门楼，周庄民居，古风犹存，最有代表性的当数沈厅、张厅。同时，周庄还保存了14座各具特色的古桥，它们共同构造了一幅美妙的“小桥、流水，人家”的水乡风景画。周庄还被评为国家历史文化名镇、国家4A级景区、国家卫生镇和国家小城镇建设示范镇。2000年周庄荣获联合国人居中心授予的“迪拜国际改善居住环境最佳范例奖”。周庄古镇已被列入联合国世界文化遗产备选名单。

周庄有着悠久的历史和厚实的文化积淀，加上自然环境独特，形成了不同一般的水乡民俗风情，源远流长的吴文化，滋育着周庄这方古老灵秀的水土，周庄的乡情、习俗、风物，弥漫着江南水乡历史文化的古朴情调与淳浓的味。阿婆茶、摇快船、斜襟衫，还有吴侬软语，让人品不尽、看不够、道不完……

周庄四面环水，犹如泊在湖上的一片荷叶。南北市河、后港河、油车漾河、中市河，四条井字形的河道将古镇分割，形成八条长街。粉墙蠡窗的房屋依水而筑。

周庄历来文人荟萃。历史上曾出现过进士、举人20余名，有的官至太尉。西晋文学家、大司马东曹掾张翰（字季鹰）、唐代文学家刘禹锡、陆龟蒙都先后寓居于此，尚有部分遗址。著名文学社团“南社”社员的住宅，也还保留着30多处，其中有叶楚伧、王大觉，费公直、沈体兰和柳率初先生的旧居，陈去病先生祖居遗址，以及南社成员饮酒吟诗集会的“迷楼”等。

黄昏时分，一弯新月撒下银辉，尼龙纱一般地笼罩着南湖，给四周平添了几分诗意。盈盈碧水摇晃着夜泊的渔舟，不知从哪儿传出的幽婉乐曲，与点点灯光一起泻入夜空，撩拨着人的心弦，这就是周庄给人们带来的美的韵味。

鸣沙山

位于甘肃省河西走廊西端的敦煌市是古代“丝绸之路”上的名城重镇，这里曾经创造了世界瞩目的“敦煌文化”，为人类留下了众多的文化瑰宝。其中鸣沙山月牙泉风景名胜区，就是敦煌诸多自然景观中的佼佼者，古往今来以“沙漠奇观”著称于世，被誉为“塞外风光之一绝”。

鸣沙山位于敦煌城南5000米处，因沙动成响而得名。山为流沙积成，沙分红、黄、绿、白、黑5色。其山东西绵亘40余千米，南北宽约20余千米，主峰海拔1715米，沙垄相衔，曲折回环。沙随足落，经宿复初，此种景观世界罕见。对于月牙泉在沙丘中经百年烈风但并不被沙掩盖的不解之谜，有许多说法。有人认为，这一带可能是原党河河湾，是敦煌绿洲的一部分，由于沙丘移动，水道变化，遂成为单独的水体，而且因为地势低洼，渗流在地下的水不断向泉中补充，使之涓流不息，天旱不涸。这种解释似可看作是月牙泉没有消失的一个原因，但却无法说明因何飞沙未能淤塞月牙泉。

月牙泉处于鸣沙山环抱之中，因其形酷似一弯新月而得名。面积约8800平方米，平均水深4.2米。水质甘冽，澄清如镜。流沙与泉水之间仅隔数十米。但虽遇烈风而泉不被流沙所掩盖，地处戈壁而泉水不浊不涸。形成沙泉共生，泉沙共存的独特地貌，成为“天下奇观”。

鸣沙山和月牙泉是大漠戈壁中一对孪生姐妹，“山以灵而故鸣，水以神而益秀”。游人无论是从山顶鸟瞰，还是在泉边畅游，都会心驰神往，确有“鸣沙山怡性，月牙泉洗心”之感。

西沙群岛

富饶的西沙群岛位于海南岛东南300多千米处，是中国南海诸岛四大群岛之一，由永乐群岛和宣德群岛组成。这片大大小小的珊瑚岛屿群自东北向西南伸展，漂浮在50多万平方千米的海域上，美丽而纯净。

西沙自古就是中国的领土，古代被称为“千里长沙”，是南海航线的必经之路。早在隋代之时，就已经派使节经南海到过今天的马来西亚，唐代高僧义净亦经此到达印度。古代那些满载着陶瓷、丝绸、香料的商船也都取道此处，因而这里又被称为“海上丝绸之路”。

永兴岛位于西沙群岛中央，是南海诸岛中最大的岛屿，永兴岛又名“林岛”，因岛上林木深密而得名。岛东西长约1950米，南北宽约1350米，面积1.85平方千米，全岛由白色珊瑚贝壳沙堆积在礁平台上而形成，地势平坦，平均高约5米。这里终年皆夏，岛上是典型的热带风光，椰树成行，风光旖旎，盛产椰子、木瓜、香蕉等水果。每月补给船到达永兴岛的时候，全岛居民都会放假2天，去码头卸鸡、鸭、猪、土豆、黄瓜、邮件等物资。是西沙群岛、中沙群岛和南沙群岛的人民政府所在地。

武夷山

武夷山地处福建省西北部，是中国东南沿海的重要山脉，也是东南沿海地区重要的自然地理界线。

武夷山有着丰富而完整的中亚热带原生性生态环境气候，植物树种和珍稀动物分布非常广泛，这里的植物树种在古热带植物区、大洋洲植物区和新热带植物区都有分布。以武夷山为中心，在武夷山、建阳、光泽三县（市）交界处，南北长52千米，东西宽22千米，方圆570平方千米，建有武夷山自然保护区。因为山势陡峭，群峰林立，既挡住了西北寒流的侵袭，又截留了海洋的温暖气流，非常适宜动植物繁衍生息。

武夷山的形成经历了漫长的岁月。最初的时候，武夷山地区不过是一片海洋。由于剧烈的板块运动，武夷山开始逐渐形成了内陆湖盆，开始造山运动。经过了4亿年沧海桑田的演变，才最终形成了如今的这座天下名山。

在葱郁的群山之间，曲折萦目~九曲溪犹如一条美丽的纽带，将武夷山的山山水水联系了起来。九曲溪发源于武夷山自然保护区黄岗山南麓，全长60千米，流经景区9500米。“曲曲山回转，峰峰水抱流”，正是九曲溪的动犹如一条美丽的纽带，将武夷山的山山水水联系了起来。九曲溪发源于武夷山自然保护区黄岗山南麓，全长60千米，流经景区9500米。“曲曲山回转，峰峰水抱流”，正是九曲溪的动人写照。

武夷山的三十六峰之中，被称为“武夷第一峰”的天游峰位于九曲溪六曲北面。天游峰上的一览亭，濒临万丈悬崖，抬头可见青天，俯首则武夷山水尽收眼底，是一座绝好的观景台。天游峰峰顶有胡麻涧，涧水从峰头直泻而下，落差达到100米，如白练千寻，名为雪花泉，为山中的一大奇观。天游峰附近乃是武夷山美景集粹之地，步步有景，山水相连。丹霞嶂东面有水帘洞，是武夷山最大的洞穴，高、宽各100多米。洞前有两道清泉，自峰顶奔泻而下，形如水帘，故而得名。如遇到有风吹过，水帘便会散为无数晶莹的水珠，随风飘洒，恍如天女散花，又如悬挂的两幅珠帘，迷离朦胧，另有一番别样的美。

理学大师朱熹在此定居50年，著书70余部，创立了对后世影响深远的朱子理学的思想体系。婉约派大词人柳永，便出生于武夷山。而李商隐、辛弃疾、陆游等众多骚人墨客，都将自己的足迹留在了武夷山，也将自己的赞美献给了武夷山。品味武夷山，不单只是要鉴赏自然的景物，那流传于山水间的诗词歌赋，民俗人文，都是武夷山的魅力所在。

凤凰古城

位于湖南湘西土家族苗族自治州西南部的凤凰古城是历史文化名城，曾被新西兰著名作家路易·艾黎称赞为中国最美丽的小城（“中国有两个最美的小城，一个是福建的长汀，一个是湖南的凤凰”）。这里与吉首的德夯苗寨、永顺的猛洞河、贵州的梵净山相毗邻，是怀化、吉首、贵州铜仁三地之间的必经之路。

凤凰古城风景秀丽，历史悠久，名胜古迹甚多。城内，古代城楼、明清古院风采依然，古老朴实的沱江静静地流淌；城外，有南华山国家森林公园，城下艺术宫殿奇梁洞，建于唐代的黄丝桥古城，举世瞩目的南方长城……

说凤凰古城小，并非言过其实，它小到了城内仅有一条像样的东西大街，但它却是著名的“湘西明珠”。小城之内，种种充满了古色古香、古风古韵的景观令人目不暇接。有人说，凤凰古城犹如“一幅浓墨淡彩的中国山水画”，色彩虽不艳丽，却有一种独特的韵味，使人难以抗拒它的诱惑。

凤凰古城虽小，仍分为新旧两个城区。老城区依山傍水，清浅的沱江穿城而过，红色砂岩砌成的城墙伫立在岸边，南华山衬着古老的城楼。城楼是清朝康熙年间修建的，锈迹斑斑的铁门，还依稀看得出当年威武的模样。北城门下宽宽的河面上横着一条窄窄的木桥，以石为墩，两人对面都要侧身而过。

凤凰古城之中，最有名的无疑是那一幢幢富有浓郁土家族风韵的吊脚楼。在种种游记小说之中，都对这样的土楼有着浓墨重彩的渲染，吊脚楼中居民的独特生活更是充满了浓郁的乡土色彩。但如今，河畔的吊脚楼大多已不在了，只有在回龙潭那里的十多间老屋，供后人凭吊述说。

在令凤凰古城名扬天下的人当中，沈从文毫无疑问是最为重要的一位。正是他那清新灵动而又意蕴深远的《边城》，勾起了无数人对凤凰的神往。《边城》中的世界，仿佛脱离了时光的侵蚀而单独存在，一切的邪恶，一切的肮脏，一切的卑劣，都被作者用筛子细细地筛除了。所以我们只看到了茶峒清澈透明的小溪，古老的白塔与古老的渡船，被夕阳染成桃红的薄云，夜啼的草莺与杜鹃，月光下象征爱情的虎耳草。阅读《边城》，我们随时都可以感受到湘西文化的浓郁气息。

凤凰古城有八景：东岭迎晖、南华叠翠、奇峰挺秀、溪桥夜色、龙潭雨火、梵阁回涛、山寺晨钟、兰径樵歌，景景动人、景景不同凡俗。但在人们的心目中，仔仔细细地单列这些景致，其实并没有太大的意义。凤凰古城是一个整体，一个古老的、充满了神秘气息的整体。踏在那年代悠远的青石板路上，仿佛是在聆听一首古老的歌谣。

织金洞

织金洞位于织金城东北裸结河峡谷南岸官寨苗族乡，又名打鸡洞，1980年4月，织金县人民政府组织的旅游资源勘察队发现此洞。

织金洞属高位旱洞，是一个巨大的岩溶洞穴系统，总长12.1千米，总面积70多万平方米，总容积近1000万立方米，最宽处为175米，最高处150米。洞内堆积物平均高度40米左右，最高堆积物达70米。由于所在地地形起伏、岩质复杂，岩溶物有着多格局、多阶段和多类型的特点，具有很高的旅游和科研价值。织金洞是世界上最美、最奇、最大的旅游溶洞之一，也是亚洲第一大洞，有“溶洞之王”、“天下第一洞”、“岩溶博物馆”、“地下艺术宫殿”等美誉。

洞口位于山腰，高约15米，宽约20米，状如虎口。按其岩溶景观组合特征、自然形成的界限和岩溶物分布情况，目前分为10个景区，即迎宾厅、讲经堂、塔林洞、万寿宫、望山湖、江南泽国、雪香宫、灵霄殿、广寒宫、十万大山。

织金洞中的迎宾厅长200余米，由于洞口阳光照射，厅内长满苔藓。岩溶堆积物如巨狮、玉蟾、岩松。厅顶有直径约10米的圆形天窗，阳光可直射洞底；窗沿串串滴落的水珠，在阳光的照耀下，仿佛撒下千千万万个金钱，称“圆光一洞天”，又名“落钱洞”。侧壁旁一小厅，中有一棵10余米高的钟乳石，形如核弹爆炸后冉冉升起的蘑菇云，名“蘑菇云厅”。

织金洞囊括了当今世界溶洞中的各种沉积形态，它既是一座地下艺术宝库，又是一座岩溶博物馆，堪称“世界奇观”。走入织金洞，就像进入了一个神奇的童话世界。

石林

石林是2亿多年前的海底石灰岩层，经地壳运动、海水和风雨侵蚀形成的自然奇观。石林风景区座落在昆明市所辖的远郊县境内，景区由大、小石林、乃古石林、大叠水、长湖、月湖、芝云洞、奇风洞7个风景片区组成。在中国三大阶梯地势中，石林处于第二阶梯面上。此处高原起伏和缓，切割轻微，海拔在1700米至1950米之间，个别山脉、山峰海拔超过2200米。大石林区海拔约在1750米；乃古石林区海拔在1820米左右。境内地势东北高、西南低。石林县境内山脉有圭山山脉、九蟠山、打羊山脉、大佛山。石林景区主体位于九蟠山（又称东山）和大佛山（又称西山）之间的喀斯特地区

石林是石灰岩岩溶地貌（喀斯特地貌）的一种特有形态，大约在2亿多年以前，这里是一片汪洋大海，沉积了许多厚重

的石灰岩。经过各个时期的造山运动和地壳变化，约在200万年以前，由于石灰岩的溶解作用，石柱彼此分离，又经过常年的风雨侵蚀，无数石峰、石柱、石笋、石芽拔地而起，形成了今天这种千姿百态的石林。穿行其间，但见怪石林立，突兀峥嵘，姿态各异。石林壁峰之间，翠蔓挂石，金竹挺秀，山花香溢，灵禽和鸣，一派生机盎然。石林与北京故宫、西安兵马俑、桂林山水相齐名，成为中国四大旅游胜地之一。

关于石林的形成，有很多传说。有一种传说流传最广，说的是在远古的时候，哥白天神来到了石林，他看到这块贫脊的土地上，彝族人民缺吃少穿，一年到头也吃不上一顿白米饭，不由动了恻隐之心，回去后，准备好了石头和土，在一个夜晚赶着石头、挑着土又来到了石林。他想用土和石头把长湖的水堵起来，把高山改造成稻田，使撒尼人（彝族的一个支系，主要分布在石林地区）能够吃上白米饭。然而这天晚上出了怪事，所有的雄鸡天还没有亮就全都叫了起来，这样就破了哥白天神的法术。任天神怎样挥动长鞭抽打石头也无济于事，那些石头都像长了根似的立在地上不动了，最后他肩上的扁担也断了，两只筐变成了双肩山，那些石头就变成石林。现在细看那些大青石腰间，还留着一道道的鞭痕，令人啧啧称奇。

当你在奇石秀峰间缓缓攀登，饱览这仿佛不属于人间的奇妙景色，聆听着阿诗玛的动人传说，你会深深地感叹大自然的神奇与伟大。

乐山大佛

乐山大佛是世界上最大的坐佛像，坐落在今乐山市东岷江、青衣江、大渡河三水合流处，凌云山西壁栖鸾峰断崖上。大佛为天然崖石凿成的一尊弥勒坐像，这尊弥勒像头有肉髻，为佛装弥勒，两脚下垂，取善跏趺坐像，故又名凌云大佛。是唐代摩岩造像中的艺术精品之一，是世界上最大的石刻弥勒佛坐像。是唐代摩岩造像中的艺术精品之一，据记载：大佛于唐开元元年（713年）凿建，由凌云寺名僧海通主持修建工作。大佛的凿修由剑南川西节度使韦皋于唐贞元十九年（803年）完成，工程前后经过了整整90年时间。大佛之大，有以下测量数据可为证明：头与山齐、脚踏长江的佛像，通高71米，头高14.7米，头宽10米，肩宽28米。真可谓“山是一尊佛，佛是一座山”。据说，大佛的耳朵上可并立2人，头顶上置圆桌可围坐百余人，这是我们不得见的。但经常可以看到有些游人在大佛的巨足上或坐或卧地休息，远远望去，实在是像一些在佛足上淘气的小小孩童。

我们看到，这尊大佛虽然体量庞大，但各部位的比例和结构却完全符合人体比例，十分匀称，面部端正，长眉秀目。为了保证大佛的整体美观和存留的持久性，整体造型洗练简洁而粗犷，少有繁缛的雕饰，而造像的工艺既科学又巧妙，乐山大佛有非常巧妙的排水系统。乐山大佛的两耳和头颅后面，具有一套设计巧妙，隐而不见的排水系统，像体的排水系统被谨慎地隐藏，使山水不断洗后U佛像的表层，以减轻风化剥蚀。

乐山自古以来就是通向四川南部的交通要道。这段水路水流湍急，直冲凌云山脚，被凌云山峭壁阻挡，强逼江水急转直下，一泻千里，势不可遏。舟船从这里经过，往往樯倾楫摧，折损人命，慈悲为怀的凌云寺的僧人海通，发起修凿这座大佛，祈愿其能够佑护来往船只人等。千余年来，大佛端坐在江边，风里雨里，依山凌云以覆满全身的青苔为装，他没有彩绘金饰的华美灿烂，没有雕梁画栋的金碧辉煌，他更像值守在这里的一位对百姓永存眷顾之心的刚正直方的清吏，望江水滔滔，把他经见的多少故事藏于心腹之中。乐山大佛以人文遗产精粹和自然遗产的有机结合为特色，乐山大佛面对着滚滚东流的江水，体态雍容，深情自若。比例匀称，山水交融，与峨眉山遥相呼应，数十里外都可以看到。

莫高窟

莫高窟（Dunhuang Caves）俗称千佛洞，被誉为20世纪最有价值的文化发现、“东方卢浮宫”，坐落在河西走廊西端的敦煌，以精美的壁画和塑像闻名于世。它始建于十六国的前秦时期，历经十六国、北朝、隋、唐、五代、西夏、元等历代的兴建，形成巨大的规模，现有洞窟735个，壁画4.5万平方米、泥质彩塑2415尊，是世界上现存规模最大、内容最丰富的佛教艺术圣地。近代发现的藏经洞，内有5万多件古代文物，由此衍生专门研究藏经洞典籍和敦煌艺术的学科——敦煌学。1987年，莫高窟被列为世界文化遗产。

公元220年，曾经雄视万方的汉帝国大厦倾颓崩塌，中国历史进入连年战争时期，百姓命如蝼蚁，帝王沦为囚徒，此时，被人们尊称为“佛陀”的慈祥长者，从南亚次大陆的热带跋山涉水来到中国这块生灵涂炭的土地上传播佛的救世福音，自此，佛教开始传入中国。

佛教自东汉传入中国以后，经由世俗化的过程，成为这块辽阔土地上至帝王下至百姓的重要精神支柱之一。敦煌莫高窟就是因缘于此产生的奇迹。公元366年，僧人乐尊云游到鸣沙山、三危山一带，突见三危山上金光闪烁，中有千佛形象可辨，认为这是佛家宝地，于是在鸣沙山东麓断崖上凿窟一龛。此后法良禅师继续建造，再经过北魏、西魏、北周、隋、唐、五代、宋、西夏、元诸代相继凿建，在莫高窟洞窟群已编号的492个洞窟中，存壁画4.5万平方米，彩塑2400余身，莫高窟已成为丝绸之路河西走廊西端世界著名的中国石窟之冠。1000多年的时光洗礼，昔日繁华的丝绸之路已经寂寞，但莫高窟却依旧向有缘人展示着目不暇接的绚烂而亲切的佛境奇观。

对于佛教来说，宗教境界超越了时间和历史。佛家眼中的世界是充满虚幻的欲望和不现实的快乐的，然而，对现实世界的摒弃，与中国人一贯秉承的伦理纲常是背谬的，所以，它渐次被改造为另一种容易被人接受的形态，这种特点在莫高窟的壁画和塑像中有着明显的表现。莫高窟是古建筑、雕塑、壁画三者相结合的艺术宫殿，尤以丰富多彩的壁画著称于世。敦煌壁画容量和内容之丰富，是当今世界上任何宗教石窟、寺院或宫殿都不能媲美的。环顾洞窟的四周和窟顶，到处都画着佛像、飞天、伎乐、仙女等。有佛经故事画、经变画和佛教史迹画，也有神怪画和供养人画像，还有各式各样精美的装饰图案等。莫高窟的雕塑久享盛名。这里有高达33米的坐像，也有十几厘米的小菩萨，绝大部分洞窟都保存有塑像，数量众多，堪称是一座大型雕塑馆。

莫高窟的北魏彩塑虽然大部分出于技艺较低的工匠之手，但其中第248窟的两尊佛像和一些菩萨像却显示着无与伦比的精神之美，因为此时的佛国世界在人们的心中是彼岸世界的精神化身。身心被信仰所灌注的工匠们仍保持着印度艺术的那种对明确的形体的追求，然而，这种追求的力度随着佛教与中原主流文化的对话与交融而处于不断减弱的趋势中。

“瘦骨清相”风格的出现，标志着世俗精致的审美趣味对佛像艺术的渗透，而这种渗透，使此时的一些佛像造型带上了优美、灵动，野逸的格调，这是一种受到当时人们赞誉的格调。后来的唐塑则以浓重繁复的彩绘，渲染出“丰肌肥体”的富贵之态，从艺术的角度来说，这种衍化是造型的退化。从宗教精神的角度来说，它显示了信仰的某种涣散。

莫高窟壁画的艺术风格至少受到两种中原画风的影响。北朝时期的壁画带有曹弗兴“曹衣出水”的特点。曹弗兴虽然居住在远离中原的龟兹，但这种被尊称为“曹家样”的艺术风格所表现出的对于“线”的依赖和钟情，正好表明了它是对中原传统的秉承。采用“曹家样”画法的佛画，袈裟紧贴在富于弹性的肌肤上，衣纹密叠，仿佛被水湿润过的一样。唐代的壁画则留下了吴道子“吴带当风”的趣味，这种被称为“吴家样”的画法十分重视人物衣袂冠带的描画，形成莫高窟唐代佛画艺术的“天衣飞扬，满壁飞动”的奔放、潇洒的格调灰重惨厉的现世省思。

在漫漫黄沙的包围中，莫高窟的佛境盛景曾是古代商旅们的心灵安慰和视觉欢愉；在现代，则是世界上许多人渴望一睹的艺术奇迹。而且，由于莫高窟所珍藏的珍贵的历史文献和文物的发现则促进了世界性的专门学科——敦煌学的产生和发展。

颐和园

中国北京城西北郊，有一处一年四季中外游人如织的地方——颐和园。这是中国北京皇家的“三山五园”中惟一完整的一处园林。

颐和园总面积294万平方米，昆明湖水面达200万平方米之广，水面围长6.5千米，一山一湖，大笔阔写，奠定了大格局，园内分为宫区和苑区，宫区又分为勤政和居住两个区域，按照皇家宫殿的布局，有皇帝听取政事的“勤政殿”（后改为仁寿殿）、六部九卿的值房，帝、后的寝宫，前朝后寝，构成了颐和园的宫廷格局。这些建筑多是依万寿山而建，万寿山高60米，在广阔的水面衬托下，颇有些雄伟的感觉。山的南坡叫做前山，高40米的佛香阁是颐和园的主体景致，临水山云辉玉宇牌坊、排云殿、智慧海及两侧的建筑，是南坡的核心部分，建筑自上而下垂直布局，与平阔的湖区形成对比，整体构图庄严整饬，其间辅以簇簇团团的琼树玉花，远远望去，正是合了“河岳层层团锦绣，华严界界有楼台”的颂赞。

与万寿山庄严华美的人文意味相对照，平阔的昆明湖有着更为丰富的自然韵味。这里有两堤、六岛、九桥，水景巧妙地借鉴了西湖名胜，这种借鉴是富有深意的，意指皇家一揽天下美景的江山意识。两堤一带是杭州西湖苏堤的景色，两行桃柳夹堤，春天桃花如云、新柳生烟，虽少雨润，却也朦胧，和风轻拂，好鸟和鸣，使人心爽然。

在昆明湖的西部，有一座石舫，这座石舫是昆明湖西部游船的码头，始建于乾隆时期，“水能载舟，亦能覆舟”是中国历代清醒的统治者自省的诫训，但这座石舫中却也含有“水不能颠覆清王朝政权”的象征意义。

与前山广阔的景致相对照，后湖则以小巧曲折、幽闭迂回的江南风光取胜。当年的水居村、自在庄和苏州水街已经被1860年入侵的英法联军焚毁，1987年，苏州水街在原址复建。如今，呈现在游人面前的这条300米长的水街，演示着19世纪的中国宫市文化，在这里，人们可以像当年的皇帝、宫妃们一样，购买江南的绸布、小吃、书籍，只不过，在这里站台市卖的人，不再是当年的宫女、太监所扮装的了，但店铺林立、古色古香、秀丽而繁华的景象还是能够给人一番情趣的。

颐和园斑驳的历史被摒蔽于她令人赏心悦目的身影背后，

今天的人们，在这里感受不到历史的沧桑与痛苦，那些痛苦的记忆，在很早的时候，就因为一个女人的阴沉意志而化作美丽的笑靥。所以，尽管这里的一切，浓缩了中国传统艺术的精华，然而，它却隐秘地表征着那个逝去的时代独裁的个人意志对民族审美意识的强权占有——而这占有的强力，是在向入侵者的强力示弱之后表现出来的。今天来到这里的人们可以忘情地嬉乐于湖光山色、诗情画意的美景，但是，那沉重的一页真的被历史轻轻翻过去了么？

赵州桥

元朝时有位在中国呆了17年的意大利人马可·波罗写了一本《马可·波罗游记》，其中对中国的桥梁特别是北京卢沟桥做了介绍，认为世界上可能没有任何桥梁可以和卢沟桥相比拟。

著名的赵州桥是中国宋代之前的杰作。赵州桥在河北，又名大石桥、安济桥，是世界上第一座敞肩式单券石拱桥。“隋唐以来的桥梁之年代可考者极少，河北赵县安济桥，不惟确知为隋匠李春所造，且可谓中国工程界之一绝”——建筑工程学家梁思成这样认为。

根据考证，赵州桥于隋开皇末年（600）至大业初年（605）由当时著名匠师李春、李通设计，距今已近1400年。此桥净跨38米，矢高7.24米，矢跨比不到1：5。其造型简约舒展，构造科学完美。作为桥梁史上的精品，“它建成了一个学派和风格，并延续了数世纪之久”。许多年过去了，赵州桥一直是世界石拱桥最大跨度的保持者，直到法国1339年在南部建成净跨45.5米的塞莱桥时才被打破，不过，纪录在这时还只是被打破了一半儿，因为塞莱桥的桥宽还不及赵州桥的一半。而另一项技术指标——矢跨比，赵州桥则保持了1000年的纪录，直到1567年佛罗伦萨圣三一桥的建成。

力学理论在西方一直是十分发达的科学理论，用19世纪才形成的现代力学弹性拱理论，对赵州桥进行计算和考核，发现由于在拱肩上挖了4个小拱和采用30厘米厚的拱顶薄填石后，使拱轴线（拱券的中心线）和恒载压力线十分接近，拱券各个横截面上均匀受压并使所受拉力减至很小或最小，这就充分发挥了拱券石“不怕压就怕拉”的特性。这正是现代拱桥设计的基础，而李春能够在1000多年前加以解决，实在令人惊异。

而更令人惊异的是1979年中国有关部门对赵州桥的桥台和桥基做勘察之后获得的结果。这次勘察竟发现，赵州桥的桥基是承载力每平方米34吨的轻亚黏土，桥基中没有桥桩，也没有用其他方法加固或对桥台加以延长。桥位处深在处的原土层依然稳定，可见修建此桥时并未受到扰动。巨大沉重的石桥，建在勉强承载自重的地基上，而其桥台又如此小而简，能够保持千年不坠不塌，实在是难以解释的奇迹。而经过数十年各国桥梁界专家的考量，竟不得其要领，其实，不只是对这座桥，对设计者李春、对他为什么要特意在水上建造这样一座构造的桥梁，这一切，于今仍是不得而知的谜。

桥，是一种联络、连接，它把无法渡过、无法跨越的变为坦途，自古以来，在中国，修桥补路是人们的善举，在美丽的中国神话中，连燕鹊也可以以身筑桥，它们为了帮助牛郎和织女在天河上相会，在农历七月初七，不辞辛劳，飞上天庭。善良朴实而勤劳的中国人有句话常挂在嘴边：逢山开路，遇水架桥。所以，桥，就成为日常生活中一道道迷人的、不可或缺的风景，而在不知不觉中，我们可曾记得，我们到底走过了多少桥，而每座桥，又把人送到了一个怎样的人生转折点？在这其中，有谁的脚步曾经走过赵州桥，它又带给谁怎样的感动？

珠穆朗玛峰

神秘而严酷的青藏高原，是世界上海拔最高的高原，素有世界屋脊之称。它位于中国西部及西南部，包括西藏自治区和青海省全部、四川省西部、新疆维吾尔自治区南部、甘肃省西南部及云南省西部，面积240万平方千米，平均海拔4000米~5000米。在这片高原上，气势磅礴地汇聚了众多海拔超过6000米的高大山脉，这其中包括了海拔8844.43米的珠穆朗玛峰，它既是青藏高原上最高的山峰，也是世界第一高峰。

探险者与科学家们曾在珠峰上找到了古代海洋生物三叶虫的化石，在珠峰北侧地带找到了来自南半球的巨羊齿植物化石，而今天在珠峰北面的雅鲁藏布江沿岸还能看到不同时代、不同地层中的岩块挤压到一起的板块缝合带，这一切都揭示了一个令人难以置信却又不得不接受的事实：整个喜马拉雅山脉，连同它的主峰——珠穆朗玛峰，都是在印度板块推挤之下，从2400千米外遥远的南半球漂洋过海而来。在漂移的过程中，不断地受到欧亚板块反作用力的阻挡，日复一日地向上抬升，最终在距今100万年前左右的时候，达到了现在的高度。

仰望珠峰，除了圣山本身的魅力之外，飘浮于峰顶的旗云也是绚丽壮美，令人着迷。这些云彩环绕着峰顶，仿佛飘扬的旗帜，故而被称为旗云或旗状云。珠穆朗玛峰的旗云，千姿百态、气象万千，令人难以捉摸。它们忽而如旗帜迎风招展，忽而如海浪汹涌澎湃，忽而如山峦起伏连绵，忽而如骏马奔腾驰骋。在旗云之中，圣山显得虚无缥缈，若隐若现，更加增添了神秘与圣洁的气息。珠穆朗玛峰北坡和西南坡海拔7500米以下为冰雪覆盖，海拔7500米以上由于高空风大，山坡陡峭，降雪不易堆积。因此，下垫面多为碎石表面。珠穆朗玛峰海拔高，太阳辐射强。每当日出后，受太阳直接照射，各地受热状况也不均匀。在碎石面附近，地面吸热快，表层气温高于同一高度大气的温度，形成沿山坡向上的气流海拔7500米以下，冰雪表面因阳光照射而升华，给上升气流输送水汽，为成云提供了有利条件。另外，在冰雪面上，反射掉的热量较多，地表气温要比自由大气的温度低些。冷空气下沉，热空气上升，就产生两个方向不同的局部环流，使峰顶附近常有对流性积云形成，所以白天常能观测到形如旗帜的云挂在峰顶。随着高空风上升气流和天气系统的不同，旗云的形态也不断变幻。

珠峰巍峨宏大，在它周围20千米的范围内，群峰林立，层峦叠嶂。仅海拔7000米以上的高峰就有40多座，较著名的有南面3000米处的“洛子峰”（海拔8516米，世界第四高峰）和海拔7589米的卓穷峰，东南面是马卡鲁峰（海拔8463米，世界第五高峰），北面3000米是海拔7543米的章子峰，西面是努子峰（海拔7855米）和普莫里峰（海拔7145米）。在这些巨峰的外围，还有一些世界一流的高峰遥遥相望：东南方向有世界第三高峰干城章嘉峰（海拔8585米）；西面有格重康峰（海拔7998米）、卓奥友峰（海拔8201米）和希夏邦马峰（海拔8012米）。形成了群峰来朝，峰头汹涌的波澜壮阔的场面。

珠穆朗玛峰地处高寒之地，自然条件极其严苛：低温、缺氧、陡峭的山势、步步陷井的明暗冰裂隙、险象环生的冰崩雪崩区、变幻莫测的恶劣气候。人们之所以将她称之为圣山或者神女，恐怕也有一部分原因是由于她的凛然不可侵犯。但是那弥漫的云雾与不可捉摸的暴风雪，便足以令人望而却步。不过人类的天性总是追求挑战、渴望征服。千百年来，向着世界最高峰发起冲击的人不在少数，然而，直到1953年，才由英国人埃德蒙·希拉里创下首登珠峰神顶的纪录。1960年，中国登山队则首次从北侧中国境内登上了这座世界最高峰。而在失败者的故事中，甚至有许多人将自已的身体与灵魂永远留在了雪山之上。

婺 源

中国有许许多多风景宜人的乡村，但属婺源最美——春赏五色芳菲，夏探清溪幽洞，秋赏漫山红叶，冬访平湖鸳鸯。

清澈的小溪，黄绿相间的稻田，灰瓦白墙的明清古建筑，连绵百里的茶岭与古民居融为一体，充满田园牧歌的气息。

婺源每一步都是景，骑自行车游览最有意思，有一种“高家林”带着“刘巧珍”的欢畅。自行车行驶在婺源乡村小路上，心情和背影都很美妙，不知是你们看风景，还是游客看你们的“风景”。

看了一天的风景，黄昏的时候，在路边村庄歇歇。选一户靠水的农家住一晚，体验鸡犬相闻、阡陌纵横的乡村生活。亲自在老乡院里捉一只土鸡，菜园里拔几棵新鲜的蔬菜。自己动手清洗、蒸煮。历经一小时的忙活，一桌可爱的饭菜散发诱人的香味。吃过亲手做的农家菜，沏一杯婺源绿茶，往椅子上一躺，笑看孩子们游戏。享受着人间天伦之乐。

婺源鸳鸯湖，是亚洲最大的野生鸳鸯栖息地。鸳鸯们窃窃私语、卿卿我我、红嘴翠羽鲜花般盛开于碧波之上。吸引众多地上的“鸳鸯”来看水中的鸳鸯，婺源又了多一道欢乐“鸳鸯”嘻戏的风景。

“半亩方塘一鉴开，天光云影共徘徊。问渠哪得清如许，为有源头活水来。”在“采菊东篱下，悠然见南山”的古典幸福里沉醉。

游婺源必到小桥流水人家——李坑

李坑距婺源县城12千米。李坑自古文风鼎盛、人才辈出，村里文人留下传世著作29部，南宋时出过一位武状元。村内街巷溪流贯通、九曲十弯；青石板道纵横交错，石、木、砖溪桥数十座沟通两岸，一幅小桥、流水、人家的天然画卷。

去婺源必去的另一个地方则是深山进士村——理坑

理坑位于距婺源县城56千米的沱川乡。建村于北宋末年，村人好读成风。几百年来，这偏僻山村先后出过尚书余懋衡、大理寺正卿余启元、司马余维枢、知府余自怡等七品以上官宦36人，进士16人。顺便从理坑取点经回来，感受一下古人勤奋读书的心情。

京杭大运河

举世闻名的京杭大运河，是世界上最长的一条人工河道。它北起北京，南达杭州，流经北京、河北、天津、山东、江苏、浙江6个省市，沟通了海河、黄河、淮河、长江、钱塘江五大水系，全长1794千米。京杭大运河在中华民族的发展史上，为发展南北交通做出了巨大的贡献。

公元前486年，吴王夫差首次在扬州开挖邗沟，沟通了长江和淮河。大业元年（605），隋炀帝征发江南、淮北100多万民工，在北方修通济渠，从洛阳西苑通到淮河边的山阳（今江苏淮安）；大业四年（608），征发河北民工100多万人开永济渠；大业六年（610），在长江以南开了一条江南河，从京口（今江苏镇江）引江水穿过太湖流域，直达钱塘江边的余杭（今浙江杭州），前后用了不到6年的时间，大运河的全线工程告成。到13世纪的元代，又先后挖通了北京到通县的通惠河、山东临清到东平的会通河、东平到济宁的济州河。把运河改成直线后，比隋代京杭运河缩短了900多千米。

19世纪海运兴起，又随着津浦铁路通车，京杭运河的作用逐渐减小。而在黄河改道后，山东境内河段水源不足，南北断航，逐渐淤成平地。解放后，政府对大运河部分河段进行了拓宽加深，航运条件有所改善，季节性的通航里程已达1100多千米。古老的京杭大运河将来还要成为南水北调的输水通道，继续在历史上写下自己的传奇。

开平碉楼

在广东省开平市的乡村分布着许多碉楼，是中国乡土建筑的一个奇特的景观。在这里，一座座欧式古典风格的小楼与中国南方农村的传统土屋交错在一起。1800多座保存完好的碉楼，见证了一个多世纪以来开平的风雨沧桑。这就是举世闻名的开平碉楼。

开平碉楼是一种集防卫、居住和中西建筑艺术于一体的多层塔式建筑群，尽管在用材、风格上各有差异，但开平碉楼都有一个共同的特点，即门窗窄小，铁门钢窗，墙身厚实，墙体上设有枪眼；碉楼顶层多设有嘹望台，配备了早期的枪械、发电机、警报器、探照灯等防卫装置。每一个碉楼，都是一个小小的坚固堡垒，保卫着主人的生命与财产。

开平碉楼的建筑风格多式多样，装饰艺术千姿百态，堪称建筑史上的杰作。这些大大小小的碉楼，有中国传统硬山顶式、悬山顶式，也汇集着外国不同时期不同风格流派的建筑艺术。古希腊的柱廊，古罗马的柱式、券拱和穹窿，欧洲中世纪的哥特式尖拱和伊斯兰风格券拱欧洲城堡建筑、葡式建筑中的骑楼、文艺复兴时期和平解决世纪欧洲巴洛克风格的建筑随处可见。开平地势低洼，河网密布，每遇台风暴雨，常有洪涝之忧。加上其所辖之境，原为新会、台山、恩平、新兴四县边远交界之地，向来有“四不管”之称，社会秩序较为混乱。因此，清初即有乡民建筑碉楼，作为防涝防匪之用。到了民国，军阀割据，匪患猖獗，社会治安极度混乱。而开平因山水交融、水陆交通方便，同时有大批侨眷、归侨生活于此，财产相当丰厚，因而就成了土匪抢掠的重要目标。于是开平乡内风声鹤唳，人人自危，稍有风吹草动，人们就收拾金银细软，四处躲避，往往彻夜难眠。开平人民为了保护自己的家园而大兴土木建造碉楼。

开平碉楼样式各异，建筑材料也是各不相同，大体上分为4种：钢筋水泥楼、青砖楼、泥楼和石楼。钢筋水泥楼多建于20世纪二三十年代，整体采用钢筋水泥式的现代架构，建筑非常牢靠结实，但也有的为了降低费用，节省材料而在内面的楼层用木阁组成。青砖碉楼是以青砖为主要建筑材料修筑而成的碉楼。有些青砖碉楼其实就是泥楼，只是外表多加了一层青砖，也有些则在内部加入钢筋水泥，增强碉楼的强度。泥楼包括泥砖楼和黄泥夯筑楼两种。泥砖楼是将泥做成泥砖晒干后用作建筑材料。为了延长泥砖的使用寿命，外部会抹上一层灰沙或水泥，用以防御雨水冲刷，从而起到保护和加固的作用。黄泥夯筑的碉楼是用黄泥、石灰、砂、红糖按比例混合拌成作为原料，然后用两块大木板夯筑成墙。这样夯筑而成的黄泥墙，一般有近半米厚，其坚固程度可与钢筋水泥墙相比。石楼则是用山石或鹅卵石作建筑材料所修建起来的碉楼，这种碉楼数量极少，主要分布在大沙等采石较为方便的山区。

号称“开平第一楼”的瑞石楼，坐落在开平市蚬冈镇锦江里村后左侧，是开平市内众多碉楼中原貌保存得最好的一座碉楼。楼高9层，占地92平方米，钢筋混凝土结构，非常牢固。瑞石楼是中西建筑风格完好结合的典型，不同的层次凸现出不同的西方建筑艺术风格，而主人在建楼时还着意在窗框、窗楣图案和6层围墙外墙的图案、灰雕中融进了一些中国传统建筑文化的元素。二者结合起来浑然天成，相得益彰，丝毫也不显得生硬突兀，体现出高超的建筑思想。

如今中华大地处处莺歌燕舞，一派祥和景象，但碉楼却仍然牢牢屹立在开平的土地上，用锈迹斑斑的铁门和伤痕累累的楼壁诉说着历史的沧桑，仿佛在提醒人们不要忘记过去。

德天瀑布

德天瀑布以气势磅礴而闻名世界，是国家特级景点。德天瀑布距离县城78千米，距南宁市仅140多千米，横跨了中国与越南两个国家，是亚洲第一、世界第四大的跨国瀑布。它起源于广西靖西县归春河，终年有水，流入越南后又流回广西，经过大新县德天村处遇断崖跌落而成瀑布。

德天瀑布银瀑飞泻、洪流滚滚，蔚为壮观。瀑布的面宽达120米，那一条条水帘，从高山之上奔流而下，仿佛一幅幅银绸挂在悬崖前。仰望瀑顶，群峰恍若浮动，巨瀑仿佛海倾，令人叹为观止。瀑布声势浩大，千米之外都能听到滔滔的水声轰鸣于山间，慑人心魄。瀑布与山石撞击，水花飞溅，犹如千万颗璀璨的明珠。水汽形成了白蒙蒙的一片，如雨如雾，长年累月飘忽不散。遇到天气晴好、阳光灿烂之日，但见飞溅的水珠五彩缤纷，光彩夺目，使人如入仙境。有的时候，瀑布之上还会出现彩虹，犹如横跨瀑布的彩练，为雄奇的德天瀑布增添了几分娇媚。

德天瀑布的景致因四季变化而不同，变幻多姿，碧水长流，永不涸歇。春季之时，凌草青青，山花吐艳，与飞驰而下的瀑布相映，仿佛是五彩缤纷的花边；夏季河水猛涨，激流如龙，以排山倒海之势由断崖飞泻而下，似万马奔腾；秋高气爽之时，梯田一片金黄色，层林尽染，高挂的银帘雾气冲天，冬季枯水季节，流水略显涓细，不复夏季之霸气，但是悠然而下，令人感受到一种和缓轻柔之美。

瀑布周围的景观与瀑布相互映衬，相得益彰。德天瀑布附近，奇峰夹持，树木葱茏的黑水河，绮丽多姿的那岸奇景，怪石遍布的雷平石林和水上石林，层峦叠嶂；溶洞遍布的恩城山水及自然保护区，水平如镜；石峰玉立的乔苗平湖，鬼斧神工；造型奇特的龙宫岩、多级跌落翻滚的沙屯叠瀑、具有特殊意义的53号界碑、无数的古迹文物和珍稀动物……名仕田园风光和五百里画廊为你展开一幅又幅南国特有的风景画美不胜收。德天的山水，让人忘却一切烦恼，融入大自然的怀抱，心灵得到一次净化。

东寨港

红树林是海南省琼山东寨港奇特的植物景观，是生长在海南热带海边滩涂的一种特有的植物群落，属于东方群系。在海南沿海的泥湾中，生长着许多红树林，涨潮时，除了高大树木的树冠露出水面外，大部分被海水所淹没，因此，这些红树林被人们称为“海底森林”。

红树林是生长在热带、亚热带滨海泥滩上特有的常绿灌木或小乔木植物群落，因为大部分树种属于红树科，所以生态学上通称为红树林。全世界红树有24科82种，其中16种是胎生植物，它们是植物世界中仅有的以胎生方式繁衍生息的植物。红树的种子成熟后在母树上发芽，长成小苗后，才脱离母体。由于茎和根较重，幼树便垂直下落，插入泥中，只要二三个小时，就可以生根成长。如果落在海水里，它可以随波逐流，4个月后也不死，遇到有淤泥的地方还会扎根成长。

红树林最奇妙之处是“胎生现象”。因为它生长在海滩，经常受到海潮的冲刷和台风的袭击，种子难以得到一个稳定的萌发环境，于是它的繁殖方式也就发生了相应的变化种子在离开母树之前，就已经发芽长根，如同胎儿成熟在母腹中一样，一旦“瓜熟蒂落”，便借助自已的重力作用，插入淤泥之中，只要几个小时即可扎根固住，下次潮水来时就冲不走了。这种酷似胎生的繁殖方式，在植物王国中是独一无二的。一年四季，红树林时刻都在繁育着新的生命，永不凋谢，生生不息。

东寨港红树林保护区内分布着红树10科18种，占国内红树种类的60%以上，主要有红海榄、木榄、尖瓣海莲、角果木、秋茄、白榄、海漆、海骨根、桐花树、老鼠勒、水柳、王蕊、海芒果等。红树林除了供人观赏外，它还有防风消浪、促淤保滩、固岸护堤、净化海水和空气的功能。盘根错节的根系能有效地阻止陆地来沙，减少近岸海域的含沙量；高大的肢体有效抵御风浪的袭击。红树的脱盐性也使它有“植物海水淡化器”之称，红树林的工业、药用等经济价值也很高。红树是一种可贵的自然资源，世界上有红树林的国家都把红树区列为生态保护区。

西双版纳

美丽富饶的西双版纳傣族自治州像一颗镶嵌在皇冠上的绿宝石，在云南省南端富饶的土地上熠熠生辉。西双版纳傣语为“勐巴拉那西”，意思是理想。西双版纳的热带雨林是中国面积最大的一片热带雨林，奇妙的热带雨林风光和纯朴奇特的民族风情，吸引了众多的国内外游客的观赏。

西双版纳的东南部与老挝接壤，西南部与缅甸交界，是世界北回归线上少有的，也是中国惟一保存完好的一片原始热带森林区域。茂密的橡胶林、香蕉林构成相当独特的亚热带风光，并由于动植物资源非常丰富，素有“植物王国”、“动物王国”、“药材王国”的美称。

西双版纳北面有云贵高原作屏障，挡住了寒流，南面受印度洋西南季风的影响，气候高温、多雨、湿润、静风，大部分地区终年无霜，是“没有冬天的热土”。得天独厚的自然环境，使这里蕴藏着丰富的森林资源和繁多的植物种类。而西双版纳封闭的地形，一方面保留了许多古老的动物种类和在新环境下产生的新物种；另一方面青藏高原的动物也南下到达西双版纳，使之成为许多珍稀动物种类的起源与发展中心，因而被称为西双版纳的“动物王国”。

景洪原始森林公园位于景洪市以东、澜沧江以北，距州府所在地8000米处，是全州离景洪城最近的一块原始森林。在这片原始森林里，有一条水质明净的莱阳河，河谷两岸生长着莽莽苍苍的原始热带雨林。突出体现了“原始森林、野生动物、民俗风情”三大特色。而被涠公河的支流罗梭江环绕如葫芦形状的中国科学院西双版纳热带植物园，则座落在勐腊县勐仑镇的葫芦岛上。这里保留有大片原始森林，已引种栽培热带植物4000多种，植物园中设有植物标本馆，珍稀濒危植物种资源库和物技术实验室，是我国热带植物资源开发利用和保护的重要研究中心。

西双版纳之所以如此吸引游人频频来访，另一个重要的原因在于它将民族文化、民族风情、热带雨林、观赏植物、野生动物等自然和人文景观完美地融为一体，形成了独具特色的地域景观。这里居住着傣、汉、哈尼、瑶等13个民族，各有自己浓郁而鲜明的民族风情。

傣族作为西双版纳最主要的民族之一，是“热爱和平，勤劳，勇敢的民族，泼水节为傣历新年，大约在农历清明后10日。傣家人欢度新年时，都要举行泼水活动，以消灾除难，预祝在新的一年里风调雨顺、五谷丰登。

神奇的西双版纳，吸引着来自世界各地的游客。他们置身于莽莽苍苍的热带雨林之中，观赏珍稀动植物，体会独特的民俗风情，沉醉于绿色明珠的魅力之中。

呼伦贝尔草原

中国内蒙古自治区东北部草原，因呼伦湖、贝尔湖而得名。位于大兴安岭以西，地势东高西低，海拔在650米~700米之间，总面积约9.3万平方千米。年平均温度0℃左右，无霜期85天~155天，境内有上千个大小湖泊。著名的呼伦贝尔大草原，绿波千里，一望无垠，羊群如流云飞絮，点缀其间，草原风光极为绮丽，令人心旷神怡。2000多年的时间里，呼伦贝尔草原以其丰饶的自然资源孕育了中国北方诸多游牧民族，因此被誉为“中国北方游牧民族成长的摇篮”。 穿行在呼伦贝尔，定会为那“千里草原铺翡翠”的景象而惊叹。这里有中国目前保存最完好的草原，生长着碱草、针茅、苜蓿、冰草等120多种营养丰富的牧草，植物品种多达1300余种，形成了不同特色的植被群落景观。每逢盛夏，草原上鸟语花香、空气清新，星星点点的蒙古包上升起缕缕炊烟，微风吹来，牧草飘动，处处“风吹草低见牛羊”。呼伦贝尔草原地势平坦，河流曲折，特别适合放牧，著名的三河马和三河牛都是在这里培育成的。

素有“中国第一曲水”之称的莫尔格勒河，宛如一条玉带，蜿蜒在呼伦贝尔草原上，河水两边绿草茵茵，五光十色的鲜花盛开，牛羊成群，骏马奔腾……

呼伦湖，又叫呼伦池或达赉湖，是呼伦贝尔草原的标志之一。它是中国第五大湖，也是内蒙古第一大湖，呈不规则斜长方形，湖长93千米，最大宽度为41千米，湖水面积约2600平方千米，平均深度达5米左右，最深处可达8米，湖区面积为7680平方千米。呼伦贝尔草原之所以声名远扬，原因有三，一是草原曾出过一代天骄成吉思汗，二是草场质量极好，割下来的草远销东南亚，三是盛产体格高大壮健的三河马和三河牛。

呼伦湖中有30余种鱼类和极其丰富的水生动植物，湖区沼泽湿地连绵，水域宽广，有较好的鸟类栖息环境，是一个巨大的天然鸟类博物馆，也是世界上少有的鸟类资源宝库之一。呼伦湖地区有鹤、鸥、天鹅、雁、鸭、燕、鹭等241种鸟类，占全国鸟类总数的1/5，其中有不少属于珍稀禽类。

经过一亿多年的地质变迁，在地壳运动、气候变化等自然因素的影响下，呼伦湖水时多时少。现在，呼伦湖的外流机会很少，呈微咸水状态，适合淡水鱼类生长。

呼伦贝尔草原是中国北方游猎民族和游牧民族的发祥地之

一，也是多民族的聚居区，蒙古、达斡尔、鄂温克、鄂伦春、汉、满、回、朝鲜、俄罗斯等民族在这里和睦聚居，至今，这些民族仍继承和保留着各自的文化和生活习俗。

丽江古城

丽江地处金沙江上游，历史悠久，自然环境雄伟秀丽，是古代羌人的后裔纳西族的故乡。丽江古城位于中国西南部云南省的丽江市，又称大研镇，坐落在丽江坝中部，面积约14平方千米，海拔2410米，居住着4200余户人家，多为纳西族。丽江古城历史悠久，古朴自然，兼有水乡之容、山城之貌，它作为有悠久历史的少数民族城市，从城市总体布局到工程、建筑融汉、白、彝、藏各民族精华，并具有纳西族独特风采。1997年联合国教科文组织把她列入世界文化遗产名录。

丽江古城西枕狮山，北依象眼山，周围青山环绕，泉水潺潺穿巷走院，形似一块碧玉大砚，故名“大研”，即大砚的意思。丽江古城始建于宋末元初，1253年，忽必烈（元世祖）南征大理国时，就曾驻军于此。由此开始，直至清初的近500年间，丽江地区皆为中央王朝管辖下的纳西族木氏先祖及木氏土司（1382年设立）世袭统治。丽江古城地处滇、川、藏交通要道，古时频繁的商旅活动，促使当地商业繁荣兴旺，很快成为远近闻名的集市和重镇。其间，曾遍游云南的明代地理学家徐霞客在《滇游日记》中描述当时丽江城“民房群落，瓦屋栉比”，明末古城居民达千余户，可见城镇营建已颇具规模。其鲜明之处就在于无一统的构成机体，明显显示出依山傍水、穷中出智、拙中藏巧、自然质朴的创造性。

四方街是丽江古城的中心，四通八达，周围小巷通幽，据说是明代木氏土司按其印玺形状而建。从四方街四角延伸出四大主街，直通东南西北四郊，又从主街岔出众多街巷，如蛛网交错，往来畅便。街道全用五花石铺砌，平坦洁净，晴不扬尘，雨不积水。几乎每条街道一侧都伴有潺潺流水。泉水来自玉河，河至镇北双石桥，分东、西、中三股流入古城，随街绕巷，穿墙过屋。居民洗菜、挑水最远也不超过50步。丽江古城还以不筑城墙而驰名。据说因为古代丽江世袭的统治者均姓木，若筑城墙，则“木”字成了“困”字，因而古城不筑城墙。一座古城的兴盛，往往离不开文化的繁荣。闻名于世的丽江壁画，便分布在古城及周围15座寺庙内。其中遗存于丽江白沙村大宝积宫的大型壁画《无量寿如来会》，把汉传佛教、藏传佛教和道教的百尊神佛像绘在一起，反映了纳西族宗教文化的特点，是珍贵的文化瑰宝。大宝积宫的壁画没有署名作者，据研究，认为它是明代画家在数百年间的群体创作，是纳西、藏、白、汉等民族画风融为一体的艺术结晶。位于古城中心的四方街是丽江古城的中心，位于古城与新城交界处的大水车是丽江古城的标志，古城大水车旁有一块大屏幕，每日播放的歌曲即是古城最受欢迎最有特色的歌曲，一点一滴地去体会那800年的古老韵味。在丽江古城之中，无论铺路的青石板、流淌的泉水、沿街的店铺、精巧的民居，都能体现出古城的风韵来。古城中的民居大多保持着明清时代的建筑风格，多为土木结构的“三坊一照壁，四合五天井，走马转角楼”式的瓦屋楼房，既讲究结构布局，又追求雕绘装饰，外拙内秀，玲珑精巧，被中外建筑专家誉为“民居博物馆”。

不论是古城的街道、广场牌坊、水系、桥梁还是民居装饰、庭院小品、槛联匾额、碑刻条石，无不渗透纳西人的文化修养和审美情趣，无不充分体现地方民族宗教、美学、文学等多方面的文化内涵、意境和神韵，展现历史文化的深厚和丰富内容。尤其是具有丰富内涵的东巴文化、白沙壁画等传统文化艺术更是为人类文明史留下了灿烂的篇章。

泰　山

泰山，拔起于鲁中南群山上，古名岱山，又称为岱宗。它形成于太古代，因受来自西南和东北两方面的挤压力，褶皱隆起；经深度变质而形成中国最古老的地层——泰山群；后因地壳变动，被多组断裂分割，形成块状山体，如今每年还在以0.5毫米的速度慢慢增高。

泰山山势挺拔雄奇，山间飞瀑松涛、景色壮丽。累叠的山势，厚重的形体，苍松巨石的烘托，云烟岚光的变化，使它在雄浑中兼有明丽，静穆中透着神奇，成为中国山水名胜的集大成者。泰山主要风景名胜点有56处，如泉水甘冽的五盘池、古柏参天的柏洞、犹如云梯的十八盘、耸入云端的南天门、白练高悬的黑龙潭瀑布等。而纷至沓来的文人墨客、来此封禅祭天的历朝君主，也使得泰山成为罕见的历史人文荟萃的游览胜地，留下了众多的文物古迹，如岱庙、王母池、红门宫、斗母宫、五松亭、南天门、碧霞祠等。

大自然为泰山创造了诸多景观，其中的旭日东升、晚霞夕照、黄河金带、云海玉盘更被称为岱顶四大奇观。旭日东升是泰山的重要标志。日出之时，随着太阳的缓缓升起，旭日发出的第一缕曙光撕破黎明前的黑暗，使东方天幕由漆黑而逐渐泛白，慢慢透出暗红色的光芒，直至最后变成耀眼的金黄，喷射出万道霞光。最后，朝阳如同火球一般跃出水面，腾空而起。整个过程宏伟壮观，在瞬息间变幻出千万种多姿多彩的画面，令人叹为观止。岱顶观日历来为游人所向往，也使许多文人墨客为之高歌。

说到泰山，便须提到著名的“泰山十八盘”。十八盘位于对松山北，处在高阜之上，双崖夹道，为清乾隆末年改建盘道时所辟。十八盘自此而始。开山北为龙门，旧有龙门坊，后毁。十八盘岩层陡立，倾角达到70°~80°，在不足1000米的水平距离内竟升高了400米。泰山又有3个十八盘之说：自开山至龙门前393级为“慢十八”，再至升仙坊中767级为“不紧不慢又十八”，又至南天门为后473级“紧十八”，共计1630多级台阶。当地有“紧十八，慢十八，不紧不慢又十八”之说。

泰山在五岳中名声最著，除了自然景观的丰富多彩之外，其原因也与始于秦汉时期的封禅活动关系密切。历代帝王在此封禅祭天，借助泰山的神威巩固其统治，而泰山则因封禅告祭而被抬到与天相齐的神圣高度。泰山吸引了历代大批人文墨客，留下众多不朽的名篇佳作和书法墨宝。道教人物早在汉魏时就活跃于泰山财区并在泰山发展壮大，逐步走向辉煌。公元4世纪中叶，佛教传入泰山，公元351年，有人在泰山创建寺庙。北齐有人在经石峪刻下石经《金刚经》，这些丰厚的历史文化遗产，堪称世界上独一无二的精神文化现象。

庐　山

大自然的神奇伟力，造就了神奇的庐山。几千万年前的地壳运动，造就了庐山叠嶂九层、崇岭万仞的气势，伴生出诡峰不穷、怪石不绝的阴柔之美。

“庐山”始见于史书是在西汉时期，司马迁《史记》中有“太史公曰：‘余南登庐山，观禹疏九江”。自史载司马迁第一个“南登庐山”以来，庐山以其优美的自然景观和优越的地理位置，吸引着东西南北、古往今来的游人。无论是文人墨客，还是僧人羽士、文臣武将，多有在此驻足建舍，刻石留文，庐山也因此成为了一座文化名山，这也是庐山不同于其他众多名山的一大特点。

庐山方圆250平方千米，有90余座山峰，山势崔嵬，危崖罗列，所以古人有“庐山诸峰面面奇”之说。庐山最高峰汉阳峰，海拔1474米，由花岗岩构成的山体，高耸峻峭，形如华盖。据说，在月明风清之夜，登上峰顶，可以看到汉阳灯火，故名曰“汉阳峰”。峰顶一处悬崖形同靠椅，相传大禹治水时，就坐在这崖上俯视长江，考虑如何疏导九扛，故称“禹王崖”。司马迁曾专程登此崖凭吊大禹。登峰顶，只见黑松遍布，矮小盘结，形状奇异。大汉阳峰下有康王谷，为庐山最大的峡谷，长约1000余米。相传秦始皇灭六国时，秦国大将王翦追楚康王至此，为暴风雨所阻，康王脱险并隐居于此，故名“康王谷”。

“飞流直下三千尺，疑是银河落九天”，这是唐代诗人李白对庐山瀑布的描写。水是山之灵，庐山瀑布数量之多，气势之宏伟世间罕见，其中庐山三叠泉可谓“庐山第一奇观”。三叠泉从海拔1453.2米的庐山第二高峰大月山流出，落差达到155米。谷风吹来，流水如冰绡飘洒在空中，好似万斛明珠，晶莹夺目。由观瀑亭绕道下行，可临观音崖、观音洞，洞下即绿水潭，潭畔岩石上刻有翰林邓旭书写的隶书“竹影疑踪”四字。元代书画家赵孟顺的《水帘泉》诗对三叠泉做了细致的描写：“飞天如玉帘，直下数千尺。新月如帘钩，遥遥挂碧空。”

庐山还是座天然植物园，享有“绿色宝库”之称。植物种类组成丰富、起源古老、地理成分复杂、热带种类较多、南北植物区系成分交汇过渡。庐山区域内植物品种多达3400种以上，植物科的地理分布类型共有7个，其中尤以“中国特有类型”引人瞩目，它们大多属于第三纪以来的古老孑遗植物，主要有鹅掌楸、香果树、大血藤、青钱柳、血水草、长年兰、杜仲、喜树等。

东晋时期，庐山成为中国南方佛教中心。庙宇巍峨，宝塔峻峭，漫山充溢着宗教色彩。时至今日，东林寺、西林寺、千佛塔、诺娜塔、赐经亭等宗教建筑艺术杰作，仍闪耀着迷人的光彩。

东林寺位于庐山西北麓，因在西林寺（现仅存遗址）之东而得名，是中国佛教净土宗发源地。东晋太元十一年（386），名僧慧远在此建寺讲学，并创设莲社（亦称白莲社），倡导弥陀净土法门，后被推为净土宗始祖。唐时极盛，有殿堂建筑310余间，门徒数以千计，藏经及论著数万卷。明、清以来东林寺屡遭兵祸毁坏，现存殿宇基本为清末遗物。

庐山的牯岭地区别墅林立，到20世纪30年代为止，这里有不同国家建造的别墅1000多栋。这些别墅大部分是西方建筑风格，但别墅中园林的布置都采用了中国传统的手法。西式别墅与中国的传统文化和谐地融合在一起，构成了庐山独特的人文景观。

阿里山

位于祖国宝岛台湾的阿里山，并非仅指一座山，而是由地跨南投、嘉义二县的大武峦山、尖山、祝山、塔山等18座大山组成。

阿里山为台湾三大林场之一，在蓊郁俊美的大片森林中，以阿里山神木最负盛名。神木耸立在阿里山主峰的神木车站东侧，树高52米左右，树围约23米，需十几人才能合抱。阿里山云海为台湾八景之一。登上山顶平台，放眼远眺，白云从山谷涌起，迎风飘荡，瞬息万变，时而如汪洋一片，淹没千山万岭；时而如大地铺絮，足下一片白茫茫；时而如山谷堆雪，林海中若隐若现。观日出的地点则以祝山为最佳。祝山山巅建有观日楼，凌晨登临楼台，初见东方微露一抹红晕，淡若无有，却又似弥漫天空。而为世界所称奇的阿里山森林铁路大都穿山越岭、沿着山壁或架空而筑，为世界现今仅存的三大高山铁路之一。沿途有82条隧道，最长的达1300米。铁路全长72千米，却由海拔30米上升到2450米，搭乘森林火车，沿途可见高大挺拔的桉树、椰子树、槟榔树等热带古木，四季常绿的樟、楠、槠、榉等亚热带阔叶树，茂密的红桧、扁柏和姬松等温带针叶树，乃至以冷杉为主的寒带林景观。

在阿里山林区，还有姐妹潭、孔雀溪、慈云寺、树灵塔、受镇官及高山博物馆、高山植物园等名胜。去阿里山，寻觅造物之美，回归自然纯真，阿里山纷呈的美景正吸引着越来越多的人们去探访。

雅鲁藏布大峡谷

雅鲁藏布大峡谷，地处西藏东南方，从米林县派乡转运站起到墨脱县巴昔卡，为世界第一大峡谷。“峡”，即两山相夹之意，奇深无比的雅鲁藏布大峡谷，中间夹着的就是日夜奔腾的雅鲁藏布江。

雅鲁藏布大峡谷，是世界上最具特色的“自然遗产”之一，拥有许多“世界之最”：

它险峻幽深、侵蚀下切5382米，为世界峡谷之最深。

它曲折回环、咆哮奔腾496.3千米，为世界峡谷之最长。

它以平均海拔3000米以上的高度，位居“世界屋脊”青藏高原之上，是名副其实的世界大河之最高。

它的流量超过4000立方米/秒，流速达16米/秒，为世界同类江河之最大。

它是世界上濒临绝种的古老笷一物种类生息繁衍的地方；它是世界山地垂直自然带最齐全的地方，具有从高山冰雪带到低河谷热带季风雨林等9个垂直自然带，在景色的多样性上，堪称世界之最完整。

它有丰富的生物资源，包括青藏高原已知高等植物种类的2/3、已知哺乳动物的1/2、已知昆虫的4/5以及中国已知大型真菌的3/5，在生物的多样性上，为世界之最丰富。

它劈开青藏高原与印度洋水汽交往的山地屏障，向高原内部源源不断输送水汽，使青藏高原东南部由此成为一片绿色世界；它将热带的界限在这里向北推进了5个纬距，成为北半球热带的最北限；它怀抱南迦巴瓦峰地区的高山峻岭，冰封雪冻，造就了一片规模巨大的热带、亚热带季风型温性冰川群落，又创造了一项无可争议的世界之最。

雅鲁藏布大峡谷不仅地貌景观异常奇特，而且还具有独特的水汽通道作用。在这条水汽通道上，年降水量为500毫米的等值线可达北纬32°附近，而在这条水汽通道西侧，500毫米降水量等值线的最北端仅为北纬27°左右，两者相差5个纬距。这就意味着，由于这条水汽通道的作用，可以把等值的降水带向北推进5个纬距之多。水汽通道还哺育了季风型温性冰川。沿雅鲁藏布大峡谷、以南迦巴瓦峰为中心，是中国藏东南季风型温性冰川发育的一个中心。

雅鲁藏布江是藏族人民心中的天河，雅鲁藏布江大峡谷也以高、壮、深、润、幽、长、险、奇、秀等特点成为世界上最险峻、最壮观的峡谷。但是由于整个峡谷地区冰川、绝壁、陡坡、泥石流和巨浪滔天的大河交错在一起，环境十分恶劣。许多地区至今仍无人涉足，堪称“地球上最后的秘境”，也是地质工作少有的空白区之一。

小寨天坑

“天坑”是当地人对喀斯特漏斗的俗称，在地理学上叫“岩溶漏斗地貌”，它是几座山峰间凹下去的一个椭圆形大漏斗，以惊险奇绝闻名于世。而被洞穴研究专家评为“天下第一坑”的小寨天坑就位于距奉节县荆竹乡小寨村附近。小寨天坑四面坑壁异常陡峭，在东北方向峭壁上有一条羊肠小道，在竖直的石壁上盘旋环绕直至地心深处。坑壁有两级台地：位于300米深处的一级台地，宽2米~10米，上有两间古朴的茅草小屋。过去曾有两户人家在这里隐居，在台地上种植魔芋。另一级台地位于400米深处，呈斜坡状，坡地上草木丛生，野花烂漫，坑壁有几个悬泉飞泻坑底。小寨天坑底部有一条巨大的暗河，暗河的水来自一条被当地人称为“地缝”的神秘峡谷。地缝全长达37千米，但最窄处仅有2米，而峡谷的高度达900米，

“两山对峙双峰欲合，中观蓝天一线”气势恢宏。从上面俯瞰，在群山之中，茂密的原始森林底下，隐隐约约可以看见一条云雾缭绕的缝隙，那就是深达数百米的神秘地缝，下面流淌着一条只闻水声难见其形的地下河，被岩溶地质专家称做“世界喀斯特峡谷奇中之稀”。小寨天坑就是这条地下河的一个“天窗”。

小寨天坑的岩溶水文系统异常完整，在280平方千米的流域面积内存在着一个天坑群，共有硝坑天坑、冲天天坑、猴子石天坑等6个天坑。天坑不仅巨大，色彩也极其丰富。上部的绝壁岩纹奇特，红、黄、黑相间，犹如一卷国画。雀鸟不停地在岩缝中飞进飞出，鸣叫、觅食，赋予这幅画巨勃勃生机。天坑中部布满杂树野草药材，郁郁葱葱。被誉为世界上第一流的魔幻式洞穴群的确是货真价实。

峨眉山

峨眉山又称大光明山，是大峨山、二峨山、三峨山和四峨山的总称，位于四川省峨眉山、乐山两市西部。四峨山中以大峨山海拔最高，山势最雄伟，即为通常所指的峨眉山。它的主峰海拔3099米，高出其东麓的峨眉山市2500米，犹如耸立于四川盆地西南部的高墙。峨眉山山体雄峻，峰峦挺秀。除了金顶日出、金顶云海、峨眉佛光、圣灯四大奇观外，峨眉山猴也是这座山中声名远播的“土著居民”。峨眉山是中国四大佛教名山之一，山中寺庙林立，以报国寺、万年寺、伏虎寺、清音阁等最为著名。

全世界出名的日出景观着实不少，但峨眉山的金顶日出却是有其独具一格的魅力。在金顶看日出，因气象条件和季节的不同而千姿百态，差异极大。天气晴朗时，太阳从地平线升起，可观赏到壮丽日出的全过程；或天边有云气，待见日出时，已是脱离地平线的一轮红日；或云层弥漫，则仅能看到朝霞、云海。伴随着旭日东升，朝霞满天，万道金光射向大地，峨眉山从头至脚逐渐变成了灿烂的金色，呈现出它全部的秀美身姿。此时此刻，天上地下变成金色的世界。

在中国四大佛教名山中，佛家又把“银色世界”作为峨眉山的代称，这显然与峨眉山的云海不无关系。峨眉山的金顶云海，无边无涯。金顶云海时开时合，气象雄伟，随着风向与凤女的变化，不断地转换着自身的形状。范成大有诗惊叹这幻变的云海：“明朝银界混一白，咫尺眩转寒凌兢。天容野色倏开闭，惨淡变化愁天灵。”

佛光是一种奇特的光学现象，是阳光照在云雾表面所起的衍射作用而形成的。谚云：“朝看西，午看东”。在峨眉山看神奇的佛光，最佳的时间是下午2时~5时，最佳的地点是在睹光台、舍身岩。午后来到舍身岩下，有时会看到云层中骤然变幻出一个红、橙、黄、绿、青、蓝、紫的七色光环，约一二米大小，中央虚明如镜。而当观者背向偏西的阳光时，有时会突然发现光环中出现自己的身影，犹如面对明镜，更为离奇的是即使成千上百人同时同地观看，观者也只能看见自己的影子。

在金顶无月的黑夜，在舍身岩下有时会看见荧荧的亮光，在黑暗的山谷间飘忽不定。佛家称其为“圣灯”，又名“神灯”，说飘浮的神灯是“万盏明灯朝普贤”，历来为峨眉山的四大奇观之一。

峨眉山有丰富的动植物资源，享有“植物王国”和“天然动物园”之称。在2000多种野生动物中，有珍稀的大熊猫、黑鹳、小熊猫、短尾猴等。尤其是见人不惊、与人同乐的峨眉山猴群，早已因成为峨眉山中别具一格的“活景观”而闻名中外。只要到过峨眉山的人，都一定不会忘记山中那一只只充满灵气的猴子。这些猴子世代在峨眉山上与游人为伴，早已消去了畏惧人类的心理。它们三五成群，在长达10多千米的游山道上，沿途围住游人，向游人索要食品。

作为佛教名山，峨眉山中寺庙颇多。其中报国寺是峨眉山的第一座寺庙，也是峨眉山佛教活动的中心。寺周楠树蔽空，红墙围绕，伟殿崇宏，金碧生辉，香烟袅袅，磬声频传。置身“天下秀”的巍巍名山，在报国寺中聆听钟声禅音，不由令人暂时忘却俗世的烦恼，深深地沉浸在这山与寺的禅韵之中。

三江并流

在云南省西北部，存在着一个令人叹为观止的自然现象：三条大江与山脉互相夹持，平行地奔流了400千米，相隔最近的地方直线距离只有66千米，这就是美丽而神奇的三江并流。这三条大江在中国云南省西北部迪庆藏族自治州及怒江傈僳族自治州境内穿过横断山脉高大的云岭、怒山、高黎贡山中幽深的峡谷，并行奔流数百千米而不交汇的自然奇观。是中国境内面积最大的世界遗产地。

三江并行流经云南境内约170余千米，整个区域面积达4万平方千米。由于三江并流地区特殊的地质构造，欧亚大陆最集中的生物多样性、丰富的人文资源、美丽神奇的自然景观使该地区成为一处独特的世界奇观。三江并流地区是世界生物多样性最丰富的地区之一，云集了南亚热带、中亚热带、北亚热带、暖温带、温带、寒温带和寒带等多种气候类型和植物群落类型，是北半球生物景观的缩影，名列17个中国生物多样性保护“关键地区”的第一位，也是世界级物种基因库和中国三大生态物种中心之一。

三江并流的形成，几乎可以说是一部地球演化的历史教科书。在发生于大约4000万年前的喜马拉雅造山运动中，印度板块与欧亚板块的碰撞造成青藏高原的隆起，构成了在150千米内相间排列的担当力卡山、独龙江、高黎贡山、怒江、澜沧江、云岭、金沙江等巨大山脉和大江形成的横断山脉的主体。“三江并流”就是这次远古地球陆地漂移碰撞的产物。“三江并流”地处横断山脉，是欧亚大陆生物南北交错、东西会合的通道。第四纪冰期曾给欧亚大陆的生物带来灭顶之灾，但“三江并流”地区独特的地形却为生物的存活提供了庇护，并成了这些孑遗生物的主要避难所。在三江并流地区生存着包括孑遗植物领春木、水青树、秃杉、桫椤、长苞冷杉、光叶珙桐、独叶草、红豆杉、云南榧树等在内的34种国家级保护植物，而小熊猫、针尾鼹、林跳鼠等原始孑遗动物也得以躲过冰期，在此处繁衍生息。这里是孟力口拉虎、藏马鸡、黑颈鹤等栖息。

丰富多彩的人文资源、美丽神奇的自然景观、参差多态的生物资源使三江地区成为全世界独一无二的壮丽奇观。4000万年前沧海桑田的变迁，造就了今日三江并流的宏伟与神奇，险峻、幽深、秀丽、神秘……这片造物主精心缔造的净土，带给人梦境般的独特感受，而三江并流多样的岩石类型、多样的地质构造、多样的地貌景观，为诠释特提斯海洋消亡、印度板块与欧亚板块碰撞机制和模型、陆内巨型复合造山带的形成、青藏高原演化隆升等重要的地球演化历史阶段和重要地质事件提供了典型遗迹，并展示着正在进行着的宏伟的各种动力地质作用和冰川地质作用等地形地貌塑造过程，是多种高山地貌景观类型和演化过程的杰出发展地区。这些珍贵、罕见的地质地貌景观和遗迹，是大自然留给人类的共同财富，具有十分重要的世界意义和保护价值。

塔里木河

位于新疆维吾尔自治区南部的塔里木盆地，历史上就是一十颇具神秘色彩的地方。这里有中国最大、世界第二大的沙漠，被称为死亡之海的塔克拉玛干大沙漠，却也同时拥有新疆地区的生命之源，中国最大的内陆河流——塔里木河。

塔里木河全长2179千米，流域面积达19.8万平方千米。塔里木河的主源为发源于喀喇昆仑山的叶尔羌河，由塔里木盆地的西南缘转向东行、在阿拉尔以上48千米处的肖夹克附近，接纳了北下的阿克苏河和南上的和田河后，始称塔里木河，在维吾尔语里，塔里木意为“无缰之马”。这个名字对于塔里木河来说，名副其实。它的河道含沙量大，冲淤变化频繁，河流经常改道，在中游地区造成南北宽达数百千米左右的冲积平原，河道曲折，支流众多，芦苇水草丛生，浩浩荡荡地形成一派

“水上迷宫”景象。塔里木河河水流量因季节差异而变化很大。每当进入酷热的夏季，积雪、冰川溶化，河水流量急剧增长，就象一匹“无疆的野马”奔腾咆哮着穿行在万里荒漠和草原上。在塔河上架有一座80孔，混凝土结构，全长1600余米的大桥。在塔河流域兴建了许多水利设施。各族人民的辛勤耕耘，昔日荒漠变成桑田，塔里木河两岸胡杨林浓荫蔽日，形成、粮、蚕桑了天然的绿色长廊，是新疆重要的棉和瓜果的生产基地。南疆人民在与严酷的自然条件长期斗争中创造的现代历史文明，如横穿塔克拉玛干沙漠的“沙漠公路”、和田“千里葡萄长廊”、库尔勒绿洲香梨园等也是中外游客企望驻足的旅游热点之一。特殊的地理位置、奇特的干旱区风光、浓郁的民族色彩和悠久的历史文化遗产构成了塔里木河流域旅游资源的总体风貌。

塔里木河对地处中国西部干旱地区的新疆来说，是一条至关重要的河流。其宝贵的河水及其所维系的以世界上最集中的胡杨林带为主的生态环境，决定着沙漠的进退和绿洲的存亡，也决定着新疆广大地区的生存条件。古代丝路上许多城邦的兴废，都与塔里木河的变迁关系紧密。

但近年来，由于阿克苏河、叶尔羌河、和田河三条源流区大规模地开荒造田，筑坝蓄水，乱扒口子引水灌溉，致使塔里木河来水量锐减，下游断流，陷入了生态恶化的境地，以胡杨林为主的“绿色走廊”告急。目前，向塔里木河下游输水、建设水利工程、流域内五地州实行用水限额、退耕还林四项治理措施已经陆续在塔里木河流域展开。随着各项整治和保护措施的到位，这条新疆各族人民的母亲河终将会再度焕发出勃勃生机。

武当山古建筑

武当山又名太和山，面积约40万平方米。主峰天柱峰立地顶天，海拔1612米，素有“一柱擎天”之誉。相传道教所尊奉的玄武神，即真武大帝，曾在此修炼42年而得道飞升，故后世易名武当山，意谓“非真武不足当之”。武当山是中国第一的道教名山，它兼有五岳之雄、奇、险、秀、幽，有72峰、36岩、24涧、11洞、3潭、3泉、10石、5台等自然胜景。有“天下第一仙山”之说。

武当山大规模的道观建筑始于唐代。自唐朝初期李渊登基称帝开始，李渊为提高他的威望，就宣扬他是道教始祖老子李聃的后裔，在全国范围大兴土木建造道观，大力弘扬道教显灵功德。

唐贞观年间（627~629）遇大旱，唐太宗李世民派遣均州吏姚简赴武当山祈雨，此后又命令姚简在武当山建五龙祠，这可看成是武当山道教的开山道观。以后宋、元各代都有增建和扩建，道观规模日益扩大。到元代末，大部分毁于战火。

武当山道教发展达到鼎盛，主要是因为明成祖朱棣对道教的重视，他是历代营建武当山道观最得力的一个皇帝。

明成祖朱棣，是明太祖朱元璋第四个儿子，建文元年(1399）发动“靖难之役”，以武力从他侄子手中夺取了帝位，自立为永乐皇帝。藩王起兵无异于造反，政治舆论对他十分不利，所以从起兵之始，他就在军师姚广孝的帮助下，制造了一系列真武“显彰圣灵，始终佑助”的神话，给自己蒙上了一层天意神授的色彩。

为答谢真武佑护之德，朱棣在北京城建起了真武庙，又在紫禁城的御花园中建造钦安殿，专门奉祀真武，甚至在他坐朝的奉天殿两壁斗拱间也画了真武像。对真武得道之地武当山，朱棣更是恭敬有加，封武当真武神为“北极镇天真武元天上帝”，封武当山为“大岳太和山”。

永乐十年（1412）朱棣遣隆平侯张信、驸马都尉沐听、礼部尚书金纯、工部右侍郎郭王进等率30余万军民工匠，用12年工夫，在元代旧址上，建成9宫9观等33处宏伟的道教庙宇。各处设计布局，均按明朝永乐皇帝的意旨，根据《真武经》中真武修真的神话故事，采取皇宫建筑款式统一设计建造。其规模的大小、间距疏密的布局，做到时隐时现，若明若暗，先抑后扬，迂回曲折，前呼后应，玄妙超然，充分显示出神权的神奇和皇权的崇高威武，从而创造出自然美与人文美相结合的高度协调景观。正如明代的洪翼圣所描绘说：“五里一庵、十里一宫，丹墙翠瓦望玲珑。”其工程之大，耗费之巨，不亚于北京紫禁城的修建，明朝人称之为“成旷世之极盛，万古之奇观也”。

整个武当建筑群荟萃了中国古代优秀建筑范式，体现出道教的玄妙、皇宫的宏伟、环境的原始、民风的淳朴等多种特色，形成了丰富多彩的建筑风格，被认为是中国古代劳动人民在建筑史上的一个伟大的创举，是古代规划，设计、建筑的典范。

尼罗河

尼罗河是世界第一长河，全长6740千米，流域面积280万平方千米，是非州大陆面积的1/10，大部分在埃及和苏丹境内。它发源于赤道以南、非洲东部高原，由南向北纵贯埃及全境，沿途经过许多湖泊，留下6道瀑布，出现数处激流和险滩，最终穿越北非沙漠，进入地中海。

像世界其他名川大江一样，尼罗河也一直受到人们的赞美。埃及诗圣艾哈迈德·肖基曾写下“尼罗河水白天降”的不朽诗句。前人也曾有过这样的描绘：“河谷里有灿烂的阳光，肥沃的土地，温暖的气候和美丽的风景。”在尼罗河河谷的土地上，青草、谷穗、葡萄夹在灼人的沙漠之间，宛如水流不断、花果丛生的“人间天堂”。

尼罗河谷地与尼罗河三角洲地区，古埃及人称之为“黑土地”，因为这里的土壤由于含有洪水留下的淤泥粉末而呈黑色。正因为有了这层表层土，这一地区的土地才肥沃异常。

如果不是尼罗河，埃及本应是一片大荒漠，是一片红土地，而不是现在狭长的绿洲。由于尼罗河慷慨的馈赠，农业便一直都是埃及经济的重要支柱。尼罗河谷犹如一个庞大的农场，农民们种植大麦、亚麻、小麦、各种蔬菜和葡萄，收成很好。天然植物如纸莎草、莲、睡莲、芦苇、刺槐等遍布全埃及。就连许多动物，也靠尼罗河生存，如河马、鳄鱼、羚羊、瞪羚、沼泽中的鸟类（鸟头麦鸡、鹭鸟和鹅）以及各式各样的鱼。

希腊历史学家希罗多德把埃及称为“尼罗河的礼物”，如果没有尼罗河充足的泛滥之水，埃及的一切都不会存在。

古埃及时期，每逢仲夏和初秋，尼罗河就会泛滥，洪水过后留下肥沃的淤泥，农业因此而发达。古埃及人修筑的蓄水池，可以蓄水数周，待河水退却，他们再将池水缓缓排出，留下淤泥，用来种植农作物。

关于尼罗河的泛滥流传着许多神话。相传尼罗河泛滥是因为女神伊西斯的丈夫遇难身亡，伊西斯悲痛欲绝，泪水落入尼罗河中，使河水上涨，引起泛滥。所以，每年6月，当尼罗河水开始变绿、预示河水即将泛滥时，埃及人就举行一次欢庆，称为“落泪夜”。

尼罗河三角洲地区是埃及最富饶的地方，被称为“鱼米之乡”。虽然三角洲的面积仅占埃及全国总面积的2.4%，但在这块土地上，人口却占全国人口的90%以上。埃及的城市、村落、居民和久负盛名的历史古迹，绝大部分都分布在这一带，“不到绿色走廊不算到埃及”的说法在非洲极为普遍。

公元前6000年左右，埃及人的祖先开始在尼罗河两岸繁衍生息。早在法老时期，埃及就流传着“尼罗河是埃及的母亲”等谚语。尼罗河也确实是埃及人民生命的源泉，它为沿岸人民积聚财富、缔造文明创造了条件，所以，埃及人民把尼罗河比喻为哺育、滋养自己的伟大母亲。

多瑙河

多年以前不知道从哪里看了篇文章，说维也纳绿树成荫，多瑙河上每日必演奏《蓝色多瑙河》。于是臆想中，认定多瑙河的每一滴水里都流淌着音符和浪漫的东西。多瑙河，还总让人想到旖旎的华尔兹的衣香鬓影，维也纳、哈布斯堡的贵族余晖。

听着约翰·施特劳斯的名曲《蓝色多瑙河》，悠扬高雅的曲调会把你带入如诗如梦的境地。那湛蓝的河水，如画的风光，村民朴实的舞蹈，美丽动人的传说，使人感到犹如投身在母亲温暖的怀抱之中，流连忘返，久久不愿离去。

人们都说多瑙河像一条蓝色的飘带蜿蜒在欧洲的大地上。这里山清水秀，一派田园风光。晨曦中的多瑙河带着阿尔卑斯山的轻雾从梦幻中走来，如同披着轻纱的少女。它激情的河面、蓝色的波涛、翻飞的鸥鸟，都令人激动不已。它带来了花草的清香，荡漾着鱼儿的欢笑，在各式各样房屋和花园的簇拥下汩汩前行。天亮了，仿佛擦亮了眼睛一般，刹那间层峦叠嶂、重楼连宇都清晰了起来。更让人折服的是透明清新胜过空气的水，映出皑皑的白云在无际的蓝天里飘浮，既安闲又自在，逍遥无比。

横卧的雪山曲折连绵，山下聚集了几间小屋，屋前是一片绿油油的大地，这样的景色就像是大师莫奈的油画作品。在这样绚烂的景色中，我们闻到了绿野的芳香和空气的清香。

没到过这里的人很难想象，抬起头是白雪皑皑的大山，低下头，脚下踩的却是绿草红花，而这一切却显得那么自然平和，没有一丁点儿突兀的感觉。

而暮色下的多瑙河又如同一幅水墨画，白天飞驰水面的小渔船沉寂下来，青黛色的远山映在清凉的水中，梦幻一般。孤独的小舟水边闲荡着，配上岸边的树叶，令人如同走入画中，轻轻地，轻轻地，不敢扰乱了这美丽河流的清梦。

在这里，你可以与她对语，聆听河流淙淙汩汩的清响。清澈见底的河水会告诉你，人生之路弯弯曲曲，就如多瑙河的水一样有时平静，有时湍急。

那一刻，你会想在这青山绿树碧水蓝天中融化，会恨自己是个尘世俗物，不能与她相守一生。大彻大悟的感觉是那样刻骨铭心。尘世中的种种不如意，种种不快，淡得像风，轻得像云，而宇宙间的大智慧却越发清晰，越发奇美。

在这里，自然与音符融而为一，造就了极美的旋律；春夏秋冬合为一体，组成了绚烂的四季。让大自然奏响绚烂的四季交响曲，让心与美丽的多瑙河更亲密地结合。而我们，就醉在这里。

密西西比河

密西西比河是美国第一大河，与南美洲的亚马逊河、非洲的尼罗河和中国的长江一起并称为世界四大长河。

它的名称源自于远古时代居住在美国北部威斯康星州的阿尔贡金人。阿尔贡金人是当地印第安人的一支，他们把这条河流的上部叫做“密西西比”。在印第安语中，“密西”意为“大”，“西比”意为“河”，“密西西比”即“大河”或“河流之父”的意思。

密西西比河源出明尼苏达州艾塔斯卡湖，向南流贯大陆内地，接纳其主要支流密苏里河、俄亥俄河，经新奥尔良东南广阔的三角洲注入墨西哥湾，全长3780千米（以最大支流密苏里河河源计则为6020千米），与其支流一共流经美国31个州和加拿大两个省。

作为“河流之父”，它支流众多，将千川百流都汇集到自己的怀抱。它汇聚了250多条支流，流域面积多达310万平方千米，占全美国领土的1/3，北美大陆面积的1/8。

密西西比河是整个北美大陆文明的发源地，至今仍在哺育着那里的人们。

密西西比河投身于现代航运领域始于19世纪初叶。1811年，“新奥尔良”号汽轮首航密西西比河，从河口溯源而上，开辟了3000千米的航道，人类内河运输的崭新时代由此开始。借助于密西西比河便利的航道，北美大陆的商业文明也得以发展。

密西西比河的中游河段比较短，一般从密苏里河与密西西比河汇合处算起，直到俄亥俄河口为止，全长320千米，主要包括密苏里州和伊利诺伊州的部分地区。这里终年温暖多雨，两岸作物生长良好，水流稳定，航道深阔，航运价值很大，现在这一地区仍是美国经济比较发达的地带。

20世纪20年代，开百老汇音乐剧先河的佳作《演出船》，讲述了1887年密西西比河上一艘流动剧院船上发生的故事，剧中名曲《老人河》唱出了源远流长的密西西比河及两岸人民的生活，在全世界流传了80余年，随着密西西比河的不息流淌，感动了几代人。

纳库鲁湖

纳库鲁湖是肯尼亚中西部湖泊，地处大裂谷的东非湖泊系统中的几个盐湖之一，傍晚时分，在湖泊的浅水区，成千上万只艳丽的火烈鸟正在觅食，在金色的夕阳下，火烈鸟就像是跳跃的火苗，景象十分壮观。

纳库鲁湖坐落在裂谷省纳库鲁县，面积188平方千米，现在已建成国家公园。这里是世界最大的鸟类栖息地，园中约有450种禽鸟，最著名的是火烈鸟。火烈鸟又名大红鹳，体型匀称，羽毛有黑、白、玫瑰、朱红色，喜欢结群，时常聚集万只以上，远远眺望，似锦如霞，艳丽异常，群飞群止，在这一带生活的火烈鸟最多时约有200多万只，占世界火烈鸟总数的1/3。大量斑马、长颈鹿、野牛、羚羊、鹈鹕等以及别处罕见的白犀牛也栖息在这里。

平如镜面的蓝色湖水，倒映着火烈鸟美丽的身影，如梦如幻。纳库鲁湖国家公园是动物的天堂，在湖边的草丛里，斑马悠闲地吃草，狒狒大模大样地散步，羚羊行色匆匆，与人们保持着一定的距离，野牛对人们的到来表现出好奇，小鸟调皮地落在牛背上唱歌，犀牛对人们视而不见，长颈鹿优雅地向人们行注目礼，野猪闷头赶路，大象则不慌不忙地从车前走过……

在世界其他地方不可能看到如此美丽的风景线。有着“观鸟天堂”之称的纳库鲁湖，火烈鸟成群成群地毫无缝隙地在湖面的浅水区嬉戏着，人们根本无法数清到底有多少只。湖面上像洒满绚丽的霞光，看着这铺天盖湖的火烈鸟群，人们不禁替它们担忧：“火烈鸟吃什么?”就算每只鸟每天吃一条鱼，那也是天大的数字了。值得庆幸的是，由于纳库鲁湖处于火山带，湖水盐碱度较高，有大量的适宜作为火烈鸟主食的蓝绿藻、矽藻和小虾等生长，因此火烈鸟有着永远吃不完的美食。

由于当地气候改变以及纳库鲁湖国家公园附近的环境污染，已经影响到纳库鲁湖自然生态的平衡，科学家越来越担心水里的重金属诸如铅、锌、汞等会被藻类所吸收，而这些藻类正是火烈鸟的食物。许多环境保护者和环境保护机构正在极力呼吁保护纳库鲁湖国家公园的生态环境。

远远眺望纳库鲁湖，一只只火烈鸟或在空中自由飞翔，或徜徉湖畔引吭高歌，构成了一幅闪动着的粉红色的美丽图画。但愿许多年以后，人类还能目睹这让人终生难忘的美丽景象。

坎贝尔港

澳大利亚第二大城市墨尔本所在的维多利亚州，有一段被称为“镇州之宝”的大洋路。在这条路的沿途可见到万簌俱寂的海湾、恬静的绿色雨林，以及沉船海岸险峻的岩岸区的海难遗址。

多种风景强烈的对比，使心绪历遍人生况味。碧蓝的海面在远处波光粼粼，一直到海天相连处，翻滚的海浪在岩石上撞击成朵朵雪白的浪花，刹那间又悄然而去。在这里，可以感受山与海洋的深层对话，浏览奇岩矗立、峭壁削天、巨岩错落的奇观，欣赏这些巨岩几千年来与蓝色大海共同铸就的神奇瑰丽的杰作。

在一个个奇妙的岩柱中，以坎贝尔港附近的“十二使徒岩柱”最为有名。它们是海边一组12块各自独立的岩石，其数量及形态恰巧酷似耶稣的十二使徒，宗教的意义使这里充满了神圣的光芒。千万年来，虽遭海蚀、风蚀、雨蚀，12块巨岩仍若巨人般矗立于海上，在日出和日落之际，巨浪拍打、海风低语、阳光变幻之时，每一块巨岩都似乎能与观者进行心灵对话。

沿途历经无数的岩洞、峡谷、通风孔，岩石所拥有的质朴美会随着峭壁的延伸一一呈现出来。这就是让人敬畏的坎贝尔国家公园——发现美、感受美的最佳去处。

当你观赏着神奇排列着的这12块奇石，沐浴在晚霞铺满天际的夕照中，浪涛声比先前更为猛烈了，你的心情也会由先前一路伴随的惊喜，雀跃转为安静，大自然的那份神奇足以让你忘却尘世的喧哗与骚动。十二使徒之景会让你感动在墨尔本的秋日夕阳中，静静体验那一刻人与自然和谐相融的意境。

攀牙湾

泰国南部大陆的世外桃源——普吉岛东北角75千米处，有一个由数以百计的石灰岩地貌组成的海湾，是普吉岛及周边地区风景最为美丽的地方，它就是攀牙湾。

从普吉岛前往攀牙湾的旅途沿岸，有佛庙洞和隐士洞两个石灰岩洞。佛庙洞洞内面积宽广，有各式千奇百怪的石笋和耀眼的白色钟乳石，有的入口处还有一支弯曲细长的石笋。青绿色的钟乳石从穴顶垂泻下来，就像一帘帘冰冻的瀑布。还有些石灰岩崖壁上覆盖着许多原始图画，上面绘有朴拙的人物、动物和鱼类，散发出原始的美感；隐士洞则规模更大，由数十个山峰在底部串连而成，洞内流水淙淙，既神秘又壮观。

当你驾船驶过静静的青绿色的海面，经过两岸茂盛的红树林后，攀牙湾便展现在面前：在一望无际的海面上，形状怪异的岛屿打破了海天一色的平衡，为平静注入了一股鲜活的灵气，波光粼粼，呈淡绿色的海湾水面上，乱石嶙峋，景象万千。

近百座大小岛屿，散布在风平浪静的海面上，宛如蓬莱仙境，又仿佛一幅幅立体的中国水墨画。各种石灰岩的奇峰怪石星罗棋布，或如羊角般突出水面，或如驼峰，或如锯齿，或如倒置栽种的芜菁，各具美态。因此，攀牙湾又被称为泰国的“小桂林”。其中，詹姆士·邦德岛、铁钉岛、钟乳岛石洞更以其天然奇景而名噪海外。

攀牙湾山峰耸峙，海景如画，风光雄浑壮丽。屏干岛，由两面山峰倾斜地相叠在一起，呈倒V字形，山壁如削，平滑如镜，塔布山，形状像铁钉一样插在海底，高约30多米，由于受海水的侵蚀而上阔下窄，狼牙棒似的头大脚细的山峰，傲然兀立于壮阔的海面上，直指云天，气势昂扬。

乘上修长的独木舟，划着桨慢慢前进，穿过黑暗的水道，寻找深藏的岩洞，你会感受到一种前所未有的探险的兴奋。高高昂起的船头扎着鲜花或者彩带劈波而行，像是在浪尖上舞蹈。沿途看那水中形态各异的小山和神奇的红树林，仿佛人在画中游。而更让人惊奇的，是洞中有洞，“山重水复疑无路”时却又“柳暗花明又一村”，外观平实的海岛却有着秀丽的内质。

泛舟穿行于岩石狭窄的缝隙中，观赏突起于平静水面的独块巨岩、生机勃勃的红树林等构成的一幅幅天然风景画，深入画幅中的深幽处，游览攀牙湾天然奇景，无疑是不堪物欲羁绊的人们最潇洒的选择。

太平洋岛屿

帕劳（Palau）是位于西太平洋关岛以南700英里处的群岛国家，是太平洋进入东南亚的门户之一。

帕劳由大岛（Babeldaob）、科罗岛（Koror）、贝里琉岛（Peleliu）、安佳岛（Angaur）等主要岛屿，以及北边的一些环状珊瑚岛和西边的洛克群岛（Rock lslands）组成。岛上的物产只有椰子、甘庶、菠萝、番薯之类，粮食和生活用品都靠进口。如此看来，岛民对饥饿的恐惧倒也不无道理。

帕劳大大小小340个火山岛和珊瑚岛中只有8个岛有常住居民。群岛分布在南北长640千米的海面上，全国海岸线长达1519千米。到这里来的外国人多半都是为了领略热带海洋风光，摇曳的棕榈树，温和的海风，银白的沙滩，还有水下奇观，这里是著名的潜水圣地。

如果你向往真正纯净的海水，那么帕劳便是你寻找的世外桃源。帕劳的洛克群岛是太平洋最纯净的海洋生态系统之一，也是免遭工业污染的最后净土。不论是艳阳高照的白天，还是温润可人的夜晚，你都可以走在雪白细腻的沙滩上，感受世上最清澈透明的海水。这里的海水有一种奇异的蓝绿色，那样纯净而又诡异，让人不敢相信，不敢触碰，只怕一伸手便打破了眼前的美梦。在帕劳，你会重新学到什么是海，什么是地，什么是光，什么是热。炽热的空气，清凉的海水，在这里，忘记自己，忘记外面的世界实在不是件困难的事。上帝创造帕劳似乎就是为了显示自己能够创造出一个多么美妙的世界。

全美国除了阿拉斯加，就数北边的明尼苏达州最冷。当地有笑话说，冬天消防车对着失火的房子喷水，结果火倒是灭了，房子也成了童话里的糖果屋，被冰封得晶莹剔透。

夏天这里则成了天堂，天空总是蓝得发亮，虽然也热，却热得干燥干净。明尼苏达整个州都没有山，却有上万个湖，其中一大部分靠近加拿大的边界水域，这里也是整个北美数一数二的避暑胜地。

在边界水域划船是最经典的玩法，热衷于这项活动的人会带着自己的独木舟和帐篷炊具，开车到某个湖边，然后就开始划。划到对岸以后，上岸，背上船和所有的装备，走到下一个湖，再接着划。再上岸，仍然背上船和所有装备，走到下一个湖，再划。1000多个湖，湖湖相连一直到天边。累了，可以在岸上随时扎营；困了，伴着风声水声树声鸟声在湖中小睡一觉也很不错。只要你高兴，可以一直划下去，直到划不动为止。只是千万要记得划回来。

希腊小岛

希腊的天空，是一派万里无云的蓝，明媚一如16岁的少女，健康、快乐，没有一丝心事。希腊的海水，是一片无边无际的蓝。近海处是一片澄碧，像一块起伏波动着的翡翠，重重叠叠的海浪尽情地把天光吸纳、摇匀，在深海处酿成整幅整幅粘稠似酒的蔚蓝，浓烈似情人的眼波，让人望着望着便痴了过去。海天一色间，白色的海鸥起起落落盘旋自在，点点白帆在粼粼波光中缓缓划出一道道白色的蕾丝，星罗棋布的小岛上点缀着一栋栋洁白的小小房舍，全都小巧玲珑，倚着山崖一层叠一层地互相依傍。面对这般景致，难怪余光中要感叹一句，“今天的天空很希腊。”面对这般景致，又有谁能无动于衷。快手快脚地整理好行囊，扔开一切俗事，一头扑进希腊小岛温柔的怀抱中。

清晨醒来，透过窗子看着猎户座和月亮一起在曙光中隐去，空气中有清新的味道。小岛静静地泊在海面上，港口一艘三桅帆船正慢慢离去。早起的鸟儿吵醒了广场的钟楼，暖红的太阳在钟声里升起，照亮了伫立在山顶上千年如一日的蓝顶教堂。穿过白色的小街，骡子悠闲地担着蔬菜和鲜花擦肩而过，拐角走过一位老人微笑着说“早上好”，一切都是这么淡淡的，静静的。

岛上的蓝白小房子衬着蓝天碧海，令人一见倾心。岛上没有高过两层楼的人家，每一扇窗户都可以看到海。希腊人不愧是充满创造力的民族，种种奇思妙想在曲折的小巷中也可以不受限制地展开。在这里，没有两栋房子是完全一样的，多余的小转角可以变成雅致的阳台，一截平凡的台阶可以巧妙地弯上三折，阳台上一路垂下长长的藤蔓，像少女的秀发，让人忍不住想伸手去摸一摸。不少人家依山而居，房屋高低错落，邻居的阳台就成了自家的屋顶；自家的石梯又成了另一位街坊的荫凉。窄巷中有或浓或淡的灰色的影子，是两边住户半开半阖的门窗投下的。偶尔遇见一只懒狗晒太阳，或两只闲坐的猫，也都成了景，入了画。

岛上虽然游人如织，却出人意料地安静。游人一旦被撒进迷宫般一曲九折的小街和窄巷中，就像被蒸发了似的，声息全无。走在无人的空巷中，一面是雪白的墙壁，在正午的阳光下直晃人眼；另一面是矮矮的围墙，看得到辽阔的海面；鼻间呼吸的是海的气息，耳畔是海风的低语；空气中偶尔自远处传来几缕希腊音乐，若有若无，你会突然觉得离人世很远很远，离天堂很近很近。

在这里，时间以另一种方式流淌，处处洋溢着愉快轻松到几乎懒散的气氛，什么都不用想，只要四仰八叉，安安心心地躺在椅子里，看着碧蓝的海水微波荡漾，时而啜一口手边的加冰鲜榨果汁，间或和心爱的人说一两句话。看看角落里的狗，聪明地拣了凉爽的阴影里沉沉睡去，连睡姿都不同寻常，不像别处的狗那样蜷曲着身子，而是直挺挺地仰天大睡，袒露着浅色的肚皮，一派不设防的天真可人。

岛上有堪称全世界最美的日落。蓝色的天空逐渐变得色彩斑斓，浓紫色的夕阳给白色房屋蒙上一层面纱，彩霞渐渐抹红了天际，越来越浓，泛滥成橘黄色的海际早已和天交融在一起，火红色的海洋让海面层层叠出由深至浅的色彩。船只缓缓划开金黄色的海面，向着海天交接处渐行渐远。夕阳恋恋不舍地散发出最后的灿烂，让渐渐灰暗的天色始终有着亮光，在用尽最后一丝能量后，从远处沉入爱琴海的怀抱。回头再看一一亮起的万家灯火，让心情跟着夕阳的步调慢慢沉淀，那种感觉平静而愉悦。

晚风阵阵吹来，波浪温柔地拍着岸边，船上的灯火映着海水轻轻晃动，嘴里大口大口地咬着新鲜的油炸墨鱼，再来一大口啤酒，醉人的夜空下，一种很宁静的幸福感悄悄爬上心头，生活原来可以如此悠闲快乐。

阿尔卑斯山

阿尔卑斯山脉是欧洲最高大的山脉。位于欧洲南部。呈一弧形，东西延伸。长约1200多千米。平均海拔3000米左右，最高峰勃朗峰海拔4810米。山势雄伟，风景幽美，许多高峰终年积雪。晶莹的雪峰、浓密的树林和清澈的山间流水共同组成了阿尔卑斯山脉迷人的风光。欧洲许多大河都发源于此。水力资源丰富。为旅游、度假、疗养胜地。

在高速公路上看车窗外的阿尔卑斯，远处的高山像穿着翻云滚浪的大裙子，裙角一勾就是一串高高矮矮的山峰，漫着白雪的山尖，在阳光下云蒸霞蔚一片灿烂。芳草碧连天的丘陵起起伏伏，无边无际，田垄、树林、山冈延伸得长长的，单是绿色就有深深浅浅的百八十种。山脚下的坡地是大片的牧场，依着山势，泛出一片平整的黄绿色；繁星般的小野花，黄的、白的、紫的开成五彩斑斓的一片片，白花黄花的奶牛在悠闲踱步，红瓦尖顶的住家小屋就漂在这姹紫嫣红的花海上。更有一些不知名的小湖小河，颜色是晴空般的蓝，荡漾着雪山倒影，芦苇草、蒲公英、各色不知名的野花、大伞盖似的老树浓荫，舒舒坦坦整整齐齐地围着明镜般的湖面。湖面上顺风滑过的三角帆，热活活的鲜红明黄，在青山绿水间，亮得像灿烂的宝石。

忍不住走进这画中去，一两个转折，一片葱茏中，蓦然就是一个中世纪的小镇。鹅卵石铺成的小街一尘不染，木舍的外墙用白松树皮包起，在阳光下泛出起伏的波纹。屋檐下挂着串串腊肉，后院里齐齐整整地堆着冬季用的劈柴。镇上家家户户都养花，里里外外开得热热闹闹，连牛棚的窗沿上都摆着大花盆，粉红黛绿的一片。望着这古朴宁静却如大花园一般的小镇，你会突然明白，阿尔卑斯山有这么多令人迷醉的色彩，并不是大自然独赐给它更多的优厚。它的低处一样是山毛榉，较高的地方一样是云杉和枞树，再有就是落叶松和灌木之类。自然气候决定了阿尔卑斯山不可能比别处有更优裕的自然条件，这般鲜艳夺目的山色，是因为这里的人更懂得如何打扮自己的家园。阿尔卑斯山是世界著名的风景区和旅游胜地，被世人称为“大自然的宫殿”和“真正的地貌陈列馆”。这里还是冰雪运动的圣地，探险者的乐园。

夏威夷群岛

夏威夷实在是个梦幻般的地方。这里的天空和海水都是最最澄澈的颜色，棉花糖一般洁白松软的云朵总在天上不紧不慢地悠着，习习的微风怡人得像豆蔻少女投来的回眸一笑。一年四季各种奇花异草张扬地满开路边，还不甘心地散出甜香充溢人们的口鼻之间。金灿灿的沙滩在菠萝树、棕榈树的点缀下平平地直铺入海浪深处，散布在岸边的五彩洋伞下面飘散出美酒的醇香和悠扬的乐声。夏威夷语里并没有"浪漫"这个词，但是浪漫这种风情却融入了夏威夷的每一个角落。

然而就是这么一个旖旎到让人眼皮发沉的地方，孕育了"勇敢者的游戏"——冲浪。

夏威夷的冲浪运动至少已经有600年的历史了。1778年，库克船长踏上这片海岸时，当地人高超的冲浪技艺就让这位闯入者赞叹不已。事实上，几乎每一位目睹过冲浪这种运动的人，都会被不由自主地吸引，借用马克·吐温的一句话，“就算是闪电快车，也难以赶上这令人毛骨悚然的速度。”今天的冲浪爱好者和往日夏威夷的乘风破浪者相比，狂热程度只能说有过之而无不及。当海水适于冲浪时，其他一切事情都可以扔到一边

可以说，有海浪的地力就会有冲浪，但是夏威夷却一直是冲浪爱好者心中的圣地。在夏威夷海岸，有些浪头甚至可高达8米以上，所以这里就成了冲浪高手们得天独厚的秀场，时常可以看到高难度的表演海浪卷到最高处时，由于前进的惯性和重力作用，会卷成一个液体圆筒，像一根不断延伸的管子一样，而真正的高手却能穿越这条隧道，而不被巨浪卷入水底，过程中表现得越舒展、从容、优雅的，水平就越高。

于是，在这里就有了两种截然不同的景象：一面是享受自然的极致，一面是搏击自然的极端；一面是悠闲舒适的顶点，一面是惊险刺激的高潮，而夏威夷也因此避免了落入单一的俗套而变得立体起来。

远足的乐趣——落基山脉

落基山脉的美丽景色，世界上任何一个山脉都不能与之相比。有人说，加拿大落基山脉是一座可以膜拜的神庙。因为只有到了这里，你才会感到造物的神奇，天地的广阔和自我的渺小。也有人说落基山脉等于“将50个瑞士融合在一起”，这也不算夸张。加拿大境内的落基山脉两侧方圆近3万平方公里的土地上，分布着4个世界遗产级的国家公园以及3个省级自然保护公园，还有众多零散的动物保护中心，自然保护区公园等等。在这里，你可以看到原始森林、冰川、瀑布、河流、大湖、温泉……一切你能够想像到的自然景观都汇聚在这里。

这里完全是大自然的世界，少有人烟，你可以享受完全一个人独处的感觉，也可以享受与大自然亲近的乐趣。要体验这种乐趣，最好的莫过于带上背包登山远足。

加拿大落基山脉四季阳光普照，气候怡人，春天山谷中一片新绿，百花盛开；夏季白天虽热，但到晚上也就凉爽起来；秋天气候干燥，山中层林尽染，颜色煞是好看；冬季虽然寒冷，但是天空湛蓝。这就是山间的四时了。每个季节在山区远足都会有一番不同的发现和感受。

行走在任何一个季节，你都可以欣赏到四季常青的原始森林、静谧的河谷、水彩画般美丽的湖泊和河流、瀑布、温泉，还有神奇的史前时代遗留下来的冰川。加拿大落基山脉没有像尼亚加拉大瀑布那样全世界闻名的景观，但是沿着山中的小径，你会发现这里随处是风景，步步都精彩。

在山中行走的你永远不会感到寂寞或者单调。你会看到小田鼠，或者山鼠伏在一块大石头上注视着你，它们的嘴里叼着花茎，准备搬回去做窝。你也可能与一只山羊四目相对，它见了你并不逃遁，只是和你保持着一段距离，警惕地打量着你。你走向一条河边汲水，也许一头驼鹿刚刚喝完水离开，你们擦肩而过，却互不理睬。如果看到黑熊，也不要害怕，多数情况它并不伤人，你遇到它的时候，它可能正搬开一块巨石寻找旱獭做午餐。

你行走的脚步加快，但你的生活节奏却慢将下来。你所有感官都开始苏醒，你开始体验生活的乐趣。

人类的伊甸园——珊瑚礁

如果上帝要在地球上创造一个伊甸园，他会选择哪里呢？很可能会是巴布亚新几内亚——印度洋和太平洋上最后一片未被污染的净土。这里有南太平洋最全的陆栖生态物种，是动植物的世界，具体说来，这里有5种低地雨林，13种山区雨林，5种棕榈林和沼泽林，3种红树林，仅蛙类便有近200种，蝴蝶超过400种，各种鸟类更超过700种。倒像是上帝刻意把物种都聚集在这里，人类反而显得只是一种“少数民族”。

这里更是珊瑚礁的天堂，450个珊瑚种类让人眼界大开。尽管巴布亚新几内亚被称为地球上最后未开发的地区，尽管铺好的公路只有686公里，而且多在沿海地带和极少数的山地地区，尽管这里的部落纠纷让外人不敢介入，但是各种旅游手册绝不会遗漏这个天边的角落，每年至少有近3万游客来此游玩。

确实，这里茂盛的热带雨林和多样的原始珊瑚礁实在是太诱人了。这里任何一处礁石丛中生长的珊瑚种类相当于加勒比海所有珊瑚种类的总和。

如果你喜欢潜水，远足，漂流，观察野生动植物，丛林探险，探洞，探索各种土著部落文化中的任何一样，你都会喜欢巴布亚新几内亚。如果你是个潜水爱好者，那么你此生惟一的乐土便是巴布亚新几内亚，这里是潜水者的天堂。

如果说巴布亚新几内亚陆地上的景色还不算独一无二的话，它奇妙的海底景观一定是举世无双，你必须得亲自潜入这片神奇的海域才能领略。潜入这片澄净的热带海洋，你便可以在碧蓝透明的海水中畅游，亲近多姿多彩的珊瑚丛，看它们像海底的鲜花般绽放。还有那些色彩鲜艳、形态各异的热带鱼在你身边嬉戏。这片纯净的海洋里，有太多生命的活力与色彩。想体验做一条热带鱼的单纯快乐的生活吗？毋庸多说，巴布亚新几内亚的潜水经历会告诉你一切。

吴哥古迹

吴哥又名吴哥考古园，吴哥（Angkor）是高棉语“城市”的意思。古迹位于柬埔寨暹粒省暹粒市北6千米处的金边湖畔，分布在45平方千米的莽莽丛林中，共有大小建筑物600多座。包括高棉王国从9世纪到15世纪历代都城和寺庙，如吴哥窟、吴哥城、巴戎寺、女王宫等遗迹。联合国教科文组织于1992年将吴哥古迹列为世界文化遗产。它与中国的万里长城、埃及的金字塔、印度尼西亚的婆罗浮屠并称为东方世界的四大奇迹。

国旗是一个国家的门面，而吴哥古寺——一座着三个尖顶的石头佛寺，成为这个民族的骄傲或象征。它还常常被称为吴哥窟（Angkor Wat），但“窟”这个词容易让人误解，其实wat就是寺，叫它吴哥寺更准确一些。

吴哥地区最主要的寺庙建筑吴哥窟（Angkor Wat），由苏耶跋摩二世（Suryavarman II）于1113年至1150年间建造。打破传统设计，吴哥窟是一座献给毗湿奴神的须弥山寺，也是当时的国寺。以五塔和三层回廊构成，外有灌水的壕沟做为咸海，墙面浮雕神话故事与苏耶跋摩二世个人的皇室生活。建筑占地广阔，宏伟壮丽，墙面雕刻生动自然，为高棉古典艺术代表作，是世界第一大宗教建筑。而吴哥王城便是“大吴哥”。鉴于先前被占城入侵的惨痛经验，阇耶跋摩七世将吴哥城城墙筑得特别高又厚实，城外建有护城河。城中心的巴戎寺（Bayon），最著名的就是以阇耶跋摩七世面容为蓝本来雕刻的54尊四面佛像，也是“微笑高棉”的由来，寺庙墙上浮雕不只展现阇耶跋摩七世与占城战斗的壮阔场面，也有描 绘市井小民的生活场景。因为阇耶跋摩七世笃信佛教，吴哥地区信仰开始由印度教转变为佛教，在巴戎寺中也可以看到印度教与佛教并存的特殊风格1434年，高棉王国迁都金边，吴哥王城渐渐地被密林荒草淹没，几乎被世人遗忘。当它于400年后重见天日的时候，人们便把它连同城外的古建筑统称为“吴哥古迹”，也称“吴哥古建筑群”。在吴哥古迹中，保存得最完好的同时又是最大的建筑就是吴哥寺，它也是吴哥古建筑群。

濑户大桥

日本在本州与四国之间隔着美丽的濑户内海，那里波光粼粼，水天一色。世界桥梁中最长的濑户大桥就架在这两大陆地之间。濑户内海的大小岛屿很多，濑户大桥连接了其中的5个。濑户大桥被日本人称为“架在蓝色大海上的巨大的铁海道”。它如同展翅的飞鹰，不但连接本州和四国的交通，还连接着本州和四国人的心灵。海洋因大桥的存在而不再成为人们交往的隔阂，本州和四国成为了一体。全桥由多座吊桥、斜拉桥与梁桥连结，构成壮观的桥梁群。

濑户大桥为铁路公路两用桥，是由两座斜拉桥、三座吊桥和三座桁架桥组成，是目前世界上最大的跨海大桥。它北起本州的冈山县，犹如一条灰白色的钢铁巨龙，穿过世界上唯一一条铁路、公路上下分开的两层式隧道，弯弯曲曲浩浩荡荡地跨海越洋，向南直奔四国的香山县。大桥可抗里氏8.5级大地震和风速为每秒60米的大风。

濑户大桥开通于1988年。据介绍，濑户大桥的建造整整花了10年的时间，花去工程费用1..13兆日元。这笔费用如果把1万元面值日元的纸币重叠起来，可以有富士山的2倍那么高。全桥用掉的钢材相当于105座东京电视塔所耗用的。大桥的桥面有4个汽车道，可以通过载重为43吨的大型汽车。从而实现了通过跨海大桥、海底隧道把北海道、本州、九州、四国四大岛连成一片的计划，对日本的经济发展起到了重要作用。

美丽的濑户风光衬托着俊秀的濑户大桥，在海天一色中显得格外美丽动人。海风拂过，清碧的波涛拍击着海岸，让人心胸豁开。内海地区，没有严寒酷暑，四周群山环绕。碧透清澈的海水，倒映着低矮起伏的山峦，海内遍布着的大小岛屿，与周围的群山交相辉映，美不胜收。

埃及金字塔

金字塔（Pyramids）一种角锥型的建筑物，一般用作陵墓或者祭祀之用。金字塔位于埃及首都开罗西南面金黄色的沙漠中。因为它的外形是“三角形”，所以就叫它金字塔。其实与“金”并没有关系。

古埃及人有建造金字塔作为国王和王后陵墓的习俗，因此埃及的金字塔很多，素有金字塔之国的美称.其中最宏伟的当然是位于吉萨的胡夫金字塔（又叫大金字塔），它已成为埃及国家和文明的象征。大金字塔总共由大约230万块石灰石和花岗岩垒叠而成，中间不用任何粘合材料。而石块与石块之间吻合得天衣无缝，尽管历经4000多年的风吹雨打，石缝之间都插不进哪怕一把锋利的小刀。每一方石块平均有2.5吨，最重的达到100多吨。以古埃及人当时的劳动力，它们是如何把巨大的石块开采出来，并且运到这里来？又如何把它们垒砌起来？何以抗拒时间的侵蚀直至今日？而且金字塔的底部四边几乎对着正南、正北、正东、正西，误差小于一度。古埃及人是怎么计算得这样精确的呢？ 胡夫金字塔的建成时间大约在距今4700年前，随着岁月的流逝，在雨雪风沙的击打之下，今天的胡夫金字塔已经不复当年的雄姿，现在的胡夫金字塔的高度仅为138米，而低边的长度则是220米，尽管如此，它仍然不失为世界之最，高高矗立在蓝天白云与满目黄沙之间。

多少年来，大金字塔一直是人们探索而又无法确证的一个谜。因为不知道如何解释这些现象。为了揭开金字塔之谜，人们进入大金字塔探秘的尝试从未停止。与中国的秦始皇陵设置机关对付盗墓人不同，埃及法老凭借咒语来保护自己。胡夫金字塔上刻有一段让人不寒而栗的文字：“不论谁打扰了法老的安宁，死神之翼将降临在他头上。”而且美国《医学月刊》也确切刊登过报告，证实100名曾经进入过大金字塔的人之中，未来10年内死于癌症的几率高达40%，但是，这并没有阻挡人们探寻金字塔深处的奥秘的脚步。最近一次也是最受关注的一次行动便是2002年全球142个国家同时直播的考古发掘过程，还动用了微型机器人。然而，具有讽刺意义的是，人们并没有发现期待中的宝藏，墓室，或是木乃伊。石门的背后又是一道石门。未解的谜仍然困扰着好奇的现代人。只要金字塔仍然屹立，人们大约还会继续追寻下去。

同样成为埃及象征的狮身人面像，是吉萨另一个吸引游人的地方。古埃及人崇拜狮子，他们认为狮子是力量的化身。狮身加上法老的头像，则是智慧加力量的象征，同时这种奇特的形象也符合古埃及人认为法老既是神又是人的观点。在古埃及神话里，狮子乃是各种神秘地方的守护者，也是地下世界大门的守护者。因为法老死后要成为成太阳神，所以就造了这样一个狮身人面像为法老守护门户。

金字塔的秘密仍然没有破解，其中 大量的精美浮雕壁画，栩栩如生的描绘了古代埃及人工作和生活的情景。金字塔到底凝结着古埃及人多少知识和智慧，至今仍然是远没有完全解开的谜。不断吸引着成千上万的热心人在探索。

丘吉尔庄园

丘吉尔庄园位于英国牛津郡伍德斯托克镇附近，本名布伦海姆宫。它建于1705年，园内延伸有750多公顷，包括300多公顷林地、40多公顷花园、将近10公顷的庭院和建筑、50公顷的湖面。另外，庄园外围还有400多公顷的林地以及3800多公顷的农场。

庄园是中世纪俄罗斯贵族的发明，靠着农奴们的供养，贵族们在远离城市的领地上过着颐指气使的生活。庄园传人欧洲后，便成了贵族们的私人宅邸。欧洲的贵族找不到那么多奴隶可以役使，也找不到大片闲置的土地，所以他们的庄园比不上俄罗斯贵族的庄园广袤，但欧洲的贵族更讲究生活品位，他们把雕塑、园林等引入了庄园，大大增加了它的文化气息。而英国的贵族对于乡村庄园更为神往，那是因为工业革命在带动了社会飞速发展的同时，也打破了慢节奏的生活和静谧的环境，英国19世纪的浪漫主义文学所表达的就是对昔日蓝天白云的悠然向往。英国的贵族们最早对工业革命表现出了厌恶，他们乐得做个乡下人，而在乡下拥有一座庄园，就成了上流社会新的时髦。

丘吉尔庄园是全英格兰最大的私人庄园，也是全英格兰最美的地方之一，有不少英国人甚至喜欢拿它跟巴黎的凡尔赛宫相提并论。如果不讲建筑面积而讲占地规模，它确实要胜过凡尔赛宫，只比中国的颐和园稍小一点，又胜在更加天然，更加幽静。沿着湖岸柔软起伏的草坡慢慢地踱到另一边去，怕是半天也走不到头。为了让游客们能够在一天时间里游完这座庄园，湖岸边才开起了穿梭往来的小火车，轨道这边是映着蓝天与睡莲倒影的湖水，那边是开满了星星点点野花的大草坪，坐在车上就好像走在一幅中国文人创作出来的水墨画中。

丘吉尔庄园的正名应该是布伦海姆宫。1704年，英国的约翰·丘吉尔（马尔伯勒公爵一世）在对法国的布伦海姆战役中取得了辉煌的战绩，安妮女王便把牛津附近数百公顷的皇家猎场赐给了他，作为对功臣的奖赏。安妮女王还有一个附加条件，那就是要求约翰·丘吉尔在这里建造出一座能够体现出大英帝国最高建筑与艺术水准的公爵府，好让法国人在战场以外也能心服口服。女王的期望激发起了约翰·丘吉尔的好胜心，便于1705年开始大兴土木，决心在这里造出一座准皇宫来。约翰·丘吉尔的政敌不希望他如此受宠，就屡屡在女王面前说他的坏话，结果使得已经确定的建设资金迟迟拨不下来，工程被迫于1712年全面停止。安妮女王逝世后，马尔伯勒公爵见指望不上王室的力量，就自已掏腰包来完成庄园的建设。由于当初计划浩大，约翰·丘吉尔又不想偷工减料，使得这项工程花了17年时间才全部竣工，而约翰·丘吉尔没等看到宫殿的全貌就与世长辞了。

如果你不了解这段历史，就不会明白它的幅员为什么这么辽阔，不该是私人所拥有；也不会明白它的建筑为什么酷似皇家宫殿，而这更不该出现在民间。正因为王室成员没有脸面住到里边，它就成了丘吉尔家族的私人住宅，所以人/r1更愿意叫它丘吉尔庄园而不是女王赐名的布伦海姆宫。另外，在英国人的心目中，二战后出任英国首相的温斯顿·丘吉尔显然要比他的远祖约翰·丘吉尔名声更响亮，那位叼着烟斗的首相就是生于斯而葬于斯，称它丘吉尔庄园，又有几分纪念这位伟人的意味。

丘吉尔庄园建成170年后，也就是1874年，温斯顿·丘吉尔出生在布伦海姆宫中一层西边靠近大厅的一个小房间里。这里不足20平方米，原来是存放衣帽的女王更衣室，但自从丘吉尔成了英国首相后，人们就把它恢复成了当初临时产房的样子。一张大床，几个橱柜，威名赫赫的丘吉尔下生时也不过如此，这大概就是鲁迅先生所说的‘天才’的第一声啼哭也与普通的孩子没什么两样。

“丘吉尔诞生地”旁边的几个房间及其走廊，现在成了丘吉尔博物馆的一部分，展出大量珍贵的实物和照片，还有部分丘吉尔晚年的画作。丘吉尔的睿智和气魄是无与伦比的，但他的绘画水平却让人不敢恭维，充其量就是美术院校的一般毕业生。至于他因为《第二次世界大战回忆录》而获得诺贝尔文学奖，不能排除这里有瑞典人对他个人崇拜的成分。丘吉尔逝世后，葬在距离布伦海姆宫不远的布雷顿教堂里，他和他妻子的墓碑散落在一堆普通人的墓碑之间，很不显眼。其实，就在丘吉尔退休后，不再号令英伦三岛时，就已经完成了向普通人的回归。晚年的丘吉尔热衷于养牛，这里大得出奇的开阔草坪和无限高远的湛蓝天空，让他毫无滞碍地挥洒个性，皈依于大自然的宁静与和谐。

放完牛后，丘吉尔一定会沿着碧树芳草间的那条宽阔整洁的甬道，走向位于庄园中心的布伦海姆宫。这里是让丘吉尔家族回顾光荣历史的地方。宏伟的大厅中是詹姆斯·桑希尔于1716年绘制的天花板，它按照战争的顺序，展现了布伦海姆战役的获胜过程。55米长的图书馆最初被设计为画廊，如今这里是整个宫中装饰最好的地方。安妮女王和马尔伯勒公爵的全身雕像，记录着这个家族与王室的密切关系。大理石门上面，饰有公爵作为罗马帝国王子时的两头鹰徽章。昂贵的波斯地毯，摆在餐厅中银制的或镀金的餐具，则显示着丘吉尔家族曾经的富有。尽管宫中保存着大量的油画、雕塑、挂毯和许多精美家具，但改变不了这里私密的家居氛围，只是富贵气浓重了一些。

丘吉尔庄园的中心是巍峨典雅的金色宫殿，而周围却是一派乡村风貌，既有皇家的气派，又有村居的本色，这二者本是不容易融合到一起的，不管原因是什么，它最终还是做到了华丽与朴素的完美结合，也许这才是它真正吸引人的地方。

巴厘岛

巴厘岛是南海乐园、神话艺术之岛，碧绿如茵的田园景观、茂密优雅的椰林、优美的海景、独树一帜的风土文化、深具魅力的传统宗教。

巴厘岛四季总是青青草木，山花烂漫，还有那古韵缭绕的庙宇、宜人惬意的银色沙滩、景色壮美的海岸峭壁。得天独厚的自然环境和孕育着高度文明的民俗艺术，使得印尼巴厘岛成为南太平洋群岛中一颗璀璨夺目的明珠，一个世外桃源般的度假乐园。巴都尔火山幽幽地笼罩在一片雾霭之中，夕阳一点点洒下来细细裁剪巴厘岛的白天。也许是因为上天的恩赐使得生存不是一件特别艰难的事情，所以，好像所有热带岛屿的人们都有一种悠闲和知足常乐的气质，巴厘岛上到处洋溢着轻快欢乐的气氛。

巴厘岛虽然地处赤道附近，空气却丝毫不令人觉得燥热。全岛漫长的海岸线让这里拥有了无与伦比的白色沙滩和赏心悦目的椰树林，海水清澈，海浪平静，日出美丽。南太平洋的清凉空气给了它最适宜的温度、阳光、沙滩、海浪、奇特的民俗风情……椰风海韵的诱惑，满目绿色的热带雨林和穿插其间的散发出阵阵稻香的梯田，道路两旁的树丛和四季盛开的野花，让人觉得仿佛在画中行走。

此外，岛上约2万座星罗棋布的庙宇，以及被当地人视为“神的住地”的火山，也为这个碧海蓝天、花红草绿的“桃花源”增添了一种神秘而古老的气息。

走在当年发生爆炸案的库塔街上，感觉不到一丝恐怖的味道，白的、黄的、棕的、黑的，各色人种都在热烈的阳光下享受巴厘岛的芬芳与浪漫。坐在沙滩上，听着海浪，吃着美味的烧烤海鲜，简直像是在享受大自然的烛光晚餐。美不胜收的自然风光、浓郁纯朴的文化气息，让人时刻陶醉于梦幻之中。甚至只需静静地坐着，呼吸一下新鲜空气，或是尝尝印尼特有的水果和食物，都能体会到一种轻松和惬意。巴厘岛是美丽的天堂，而且它的美丽永不褪色。

挪威海岸

挪威的国名“Norway”意思是“通往北方的路”，传说古代从欧洲大陆去往北部斯堪的纳维亚半岛有一条沿着半岛北部海岸的必经之路，挪威的国名由此而来。挪威并不以森林著称，挪威的魅力展现在它的海岸线上。

曾经以为北欧人一定冷静内敛，一如他们的天气。其实，只要听一听北欧出色的摇滚乐，看看那里层出不穷的摇滚乐团，就会猜测到北欧人内心暗藏有一种冰火交融的激情。挪威也不例外。

挪威国土有1/3在北极圈内，全年中有段时间是极夜，天气寒冷，长夜无边。因此当不夜的夏天到来时，人们会释放压抑了很久的狂欢心理，出去度假，休闲，放松，庆祝让人郁闷的漫漫冬夜总算过去。

每年夏至那天，挪威人都会集体在海边燃起盛大的篝火，庆祝不眠的太阳重新回来。为了这天的篝火晚会，人们会准备整整一年。他们不断用船把小片漂浮在水面上的木头运上海滩。渐渐地，海滩上的木块便堆积如山，足够在夏至那天燃起熊熊大火。这个风俗起源于古老的迷信，从前人们相信，盛大的篝火可以帮助太阳走过漫长、黑暗而寒冷的冬季。很多家庭，会带上孩子，在夏至这天的夜晚到海岸附近的小岛上过一个烧烤狂欢夜，篝火同样少不了。挪威人用火去迎接午夜的太阳。

的的喀喀湖

享有“高原明珠”美称的的的喀喀湖是世界上海拔最高的淡水湖，坐落在南美洲安第斯山区秘鲁、玻利维亚边界处的崇山峻岭之中，的的喀喀湖是南美洲地势最高、面积最大的淡水湖，也是世界最高的大淡水湖之一，还是世界上海拔最高的大船可通航的湖泊，是南美洲第二大湖（仅次于马拉开波湖），平均水温13℃。湖中有日岛、月岛等51个岛屿，大部分有人居住。的的喀喀湖承接着源源不断的高山雪水，面积8330平方千米，如大海般浩瀚一片。由于处于内陆而不咸，湖水淡绿晶亮，清澈见底，谁见了都忍不住要掬起品尝。又因为湖泊地处安第斯山的屏蔽之中，高大的安第斯山脉阻挡了冷气流的侵袭，湖水故而终年不冻。

波光潋滟的湖面上，你可以看到大片翠绿的香蒲，湖底和香蒲周围生长着茂密的水草，水中游鱼嬉戏，历历在目。在香蒲丛中觅食的野鸭，受到游艇的惊扰，咯咯咯地叫着飞向远方。香蒲丛中，水道纵横交错，生活在湖上的乌罗人常常单人划着用湖中的芦苇和香蒲编织成的“托托拉”小船在水道上游弋。这种两头尖翘、轻巧灵便的草船航行在湖光山色之中，构成了的的喀喀湖独特的风貌。

湖岸和岛屿上的许多遗迹证明，这里曾有过美洲最早的文明之一。蒂亚瓦纳科文化遗址就在的的喀喀湖东南21千米处。在那里，可以看到许多巨大的石像和石柱，其中最著名的古迹是雨神“维捉科恰”的石塑像。这里还有闻名于世的“太阳门”。紧挨着“太阳门”，有一个用石头砌成的长方形台面，长118米，宽112米，这是古代印加帝国祭祀太阳神的祭坛。的的喀喀湖真正魅力在于它独特的自然人文资源。海拔3800米以上才有的清冽稀薄的空气，更接近太阳本色的阳光，比天空更湛蓝的湖水。在这里，殖民文化和印第安文化被奇妙地融合了，形成了该地区特有的地域文化。当地人至今仍使用印第安语言，保持印第安生活传统，却个个都是虔诚的天主教徒。

湖中的月亮岛上，至今还保留着公元前的宫殿、庙宇、金字塔等古城遗迹。在其他岛屿边的湖底，还发现了一座水下古城遗迹。20世纪80年代，摩洛哥一位海底探险家潜入的的喀喀湖湖底，发现这里有不少奇怪的生物，其中之一是一种从未见过的大青蛙。这种青蛙肤色大多是浅灰色、绿色和黑色，栖息在幽深的湖底，从不上浮，估计至少有1200多万只。

的的喀喀湖，神奇又神秘，文明气息和自然野趣完美融合，使这颗高原明珠散发着隽永的魅力。

广岛和平纪念公园

1945年8月6日上午8时15分，一颗代号“小男孩”的原子弹在日本广岛上空580米处爆炸。一道强烈的蓝光闪过之后，瞬间就夺去了约8万人的生命，累计死亡人数超过20万。三天后，美军又把第二颗原子弹投到了日本的长崎市，25万日本居民非死即伤，这次爆炸使长崎变为一片废墟。

原子弹是人类有史以来发明的最可怕的大规模杀伤性武器，而广岛则成为第一座遭受原子弹轰炸的城市，这是一个梦魇。和平纪念公园中央有一座石制的马鞍形纪念碑，它是为抚慰遇难者灵魂而建立的慰灵碑。慰灵碑的正面刻有这样几个醒目的大字：安息吧，决不让历史重演。碑下停放着一口大石箱子，里面存放着原子弹爆炸死难者的姓名簿。因为不断有人死于核辐射引起的疾病，就要不断补进新的名字，到了1984年，这口石箱子不够大了，只好又换了一口更大的。截止2005年底，这里已经存放了237062位死难者的姓名，精确到个位，其中当年新记上的名字就有5142人。每年的8月6日，广岛城就失去了笑声。人们从四面八方汇集到这里，举行和平纪念典礼。入夜时分，一盏盏点好蜡烛的灯笼被放进市内六条河流的水面上，让它们随波漂流，以慰祀死难者不知飘荡在何处的灵魂。

广岛病院门前立有一座小小的千羽鹤纪念碑，当地人把它叫做原爆之子像。碑顶站着一个小女孩，她双手高高地托着一只大纸鹤，满怀期望的目光凝望着远处。这是一个不幸的小女孩，因受了原子辐射的影响，10年后病源发作，病倒在床上。日本民间相传，只要折完1000只纸鹤，就能恢复健康。于是，这个天真的小女孩就在病榻上一只一只地折着纸鹤。就在她快要折完1000只纸鹤时，可恶的疾病夺走了她的生命，年仅12岁。1958年，日本学生和儿童捐献建成了这座纪念碑，以纪念那些死于原子弹爆炸的儿童。

千羽鹤纪念碑下摆着数以万计的纸鹤。它们都是用五颜六色的彩纸折成的，每串纸鹤都是1000只，出自日本全国各地的小朋友之手。他们以此来为那些遭遇原子病折磨的小朋友们祈祷，也表达了孩子们渴望和平的美好愿望。

和平纪念公园的人口处，有一座荒废的建筑物，在四周高楼大厦的映衬下，这里的残垣断壁显得格外刺眼。1915年，由捷克设计师设计的广岛物产陈列馆在这里竣工。30年后，人类第一次投放的原子弹就在这座富有异国情调的建筑上空炸裂。当时附近的建筑物全部被夷为平地，而唯有这幢房子奇迹般地保留下来一半。不过，它的外墙已经塌落，拱形的楼顶剥露出烧弯的钢筋，似乎在向人们诉说着当时的惨况。1996年，它被列为联合国教科文组织的世界文化遗产名单。世界遗产委员会对它所做出的评价是："随着人类所创造的毁灭性力量的释放，广岛和平纪念公园成为人类半个多世纪以来为争取世界和平所取得成就的力量象征。"

紧靠着和平纪念公园的是和平纪念资料馆，它是一座长方形的钢筋混凝泥土双层建筑。纪念资料馆内陈列着许多与那次原子弹爆炸相关的遗物和资料，如像黏土一样扭成一团的玻璃瓶；留有烧焦的人迹的石台阶；被含有放射线的黑雨冲刷过的白墙、破烂不堪的衣服及日用品、核辐射烧伤的疤痕标本、身患核辐射后遗症的病人的证词等。纪念资料馆中有一个模型，用远景展示了整个变成废墟的广岛，令人惊心动魄：在一片火光中，二个衣衫破烂、受了重伤的受害者一脸茫然，拖着沉重的脚步不知走向何方。这个模型是根据一些幸存者的亲口描述制作的，可以为那个可怕的时刻立此存照。

慰灵碑前方有一个喷水池，名叫和平之池，池上的"和平之灯"火焰熊熊，象征着广岛人民期望和平的炽热心愿。它于1965年8月1日点燃后，将一直燃烧下去，直到核武器从地球上消失为止。

就像这盏和平之灯一样，和平纪念公园的每一个角落都体现着和平的主题，同时又在表达着人们对原子弹的憎恶。人们真正期待着的是人类生活的这个世界不仅没有核武器，更没有战争。爱好和平的民族不会跑出去杀别人，也不希望别人来杀自己，不管对方手里拿着什么样的武器！

仰光大金塔

仰光大金塔位于缅甸首都仰光市北，坐落在茵雅湖畔海拔51米的丁固达拉山岗（又名圣山）上，塔身高112米，底座总周长为432.8米，与印度尼西亚的婆罗浮屠、柬埔寨的吴哥窟齐名，并称为东方艺术的瑰宝。

缅甸是著名的佛教国家，全国人口80%以上信奉佛教。佛教讲究功德，而在佛教徒的心目中，最大的功德就是捐款造塔。为了造塔，有钱人一掷千金，穷人节衣缩食，于是或大或小或高或矮或奢或俭的佛塔遍布村镇城乡，给缅甸赢得了“金塔之国”的美称。

在林立于缅甸境内的佛塔中，最有名也最有代表性的就是仰光大金塔。缅甸人称它“瑞大光塔”。在缅语中，“瑞”是“金”的意思，“大光”是仰光的古称。

仰光大金塔始建于公元前585年，至今已有2500多年的历史。相传有一年，缅甸人释迦达普陀兄弟去印度经商，在一棵菩提树下巧遇佛祖释迦牟尼，他们把随身携带的蜜糕献给佛祖。为了报答善良的缅甸人的好意，佛祖就赐给他俩八根头发。当释迦达普陀兄弟历尽千辛万苦回到缅甸时，佛发只剩下四根了。他们把这四根佛发献给缅王奥加拉巴，缅王视若珍宝，就筑塔把佛发珍藏起来。初建时塔高只有8米左右，后来经过多次修葺，塔越建越高，规模也越来越大。直到1775年，塔身才修成现在的高度。

据民间相传，最初建这座塔时，忽然从空中落下无数的金砖，众人拾起这些金砖，就砌成了这座金塔。实际上，仰光大金塔是一座砖塔，它那金光灿烂的外表，来自贴满塔身的1000多张纯金箔，光这些金箔所用的黄金就有7吨多重。这还不算大金塔的四周挂着的1.5万多枚金铃和银铃，每当微风吹来，铃儿轻轻晃动，就会发出清脆悦耳的声音。

这座大金塔的塔顶是纯金铸成的，它出现于15世纪。达摩悉提国王用4倍于他和王妃体重的黄金，给这座金塔镶了一个金顶。到了1775年，阿瑙帕雅王的儿子辛漂信王来到仰光，把塔身修到现在的高度，还给它安装了一个金伞。这柄黄金宝伞重1260千克，四周镶嵌着664颗红宝石、551颗翡翠、443颗金刚石，其中有一颗金刚石重76克拉。宝伞边上还挂着1065枚金铃和420枚银铃。有了这么多宝物装饰，平凡的砖塔变成了名副其实的宝塔。白天在阳光的照射下，金碧辉煌；夜晚在灯光的辉映下，斑斓夺目。无论人们站在仰光城内的哪个角落，一抬头就会看到它金光灿灿的塔顶。

仰光大金塔不仅价值昂贵，还充分显示出古代缅甸人民精湛的建筑才能和雕刻艺术。主塔矗立在大理石铺成的平台上，四周环绕着64座姿态各异的小塔。这些小塔有木制的，有石砌的；有的像钟，有的似帆；有的为金色，有的为土红色，有的为绿色；还有的塔身为白色，顶部为金色。有的塔通体为方形，上面绘满了讲述佛祖生平故事的壁画。有些是舍利塔，有些下面是佛堂，供奉着或卧或坐的佛像，有大有小，形象繁多。供奉在主塔中的是一尊用玉石雕刻而成的佛像和罗刹像，神形动人，情态秀美。主塔下四个角上都有缅甸式的狮身人面像，做工非常细腻。徜徉在这里，就仿佛置身于佛教艺术的殿堂中。

在大金塔的东南角有一株菩提古树，树叶婆娑，相传是从印度释迦牟尼金刚宝座的圣树圃中移植而来的。

在大金塔的南侧有一座陈列馆，里面陈列着信徒香客们捐赠的各种物品。塔的左边还有中国式的庙宇，那是清朝光绪年间由华侨捐建的藏经楼——“福惠宫”。

在大金塔的东北角和西北角，各有一座色彩斑斓的古钟，一口重约40吨，它是1841年由缅王捐铸的；另一口重约16吨，是1778年由另一位缅王捐铸的。1824年，第二次英缅战争后结束后，英国殖民者想把那口40吨的大钟当成战利品运到印度去。就在吊装上船的时候，它意外地沉人仰光河底。英国人多次组织力量打捞，但费了九牛二虎之力，也没能把它捞上来。英国人走后，缅甸人齐心协力把古钟打捞上岸，重新放置在大金塔的西北角，供人观瞻。对于这口失而复得的古钟，缅甸人视为护国之宝，也当做吉祥和幸福的象征。据说只要连续击钟三下，就能万事如意，心想事成。

美国大峡谷

美国大峡谷位于美国亚利桑那州西北部的凯巴布高原上，由于科罗拉多河穿流其中，故又名科罗拉多大峡谷，它全长446公里，是世界上最长的峡谷之一。峡谷顶宽6至28千米，最深处1800米。谷底水面不足 1000米宽，夏季冰雪融水，水深增至18米，山石多为红色。是举世闻名的自然奇观，也是联合国教科文组织选为受保护的天然遗产之一。

大峡谷已走过六百万年的历史，是大自然在地球上的杰作，辉煌与壮丽远非一般自然景色可比。美国人以此为骄傲与自豪。科罗拉多高原为典型的“桌状高地”，称“桌子山”，即顶部平坦侧面陡峭的山。这种地形是由于侵蚀（下切和剥离）作用形成的。在侵蚀期间，高原中比较坚硬的岩层构成河谷之间地区的保护帽，而河谷里侵蚀作用活跃。这种结果就造成了平台型大山或堡垒状小山。峡谷岩壁的水平岩层清晰明了，这是亿万年前的地质沉积物，如同树木的年轮一样，为人们认识地质变化提供了充分的依据。岩石并不通体都是坚硬的，其中那些脆弱的部分，经不住风吹雨打或激流冲击，时间一长便消失了踪影，而留下来的部分，其形状往往很奇特。大峡谷还有很多千回百转的通幽曲径，两崖壁立千仞，夹持一线青天的景色令人惊叹；另外的一些岩穴石谷由于水流冲击，形状千奇百态，色彩通红如火，每一处岩石都好像是一幅精美的画，置身其中，犹如仙境一般。峡谷两壁及谷底气候、景观有很大不同，南壁干暖，植物稀少；北壁高于南壁，气候寒湿，林木苍翠；整个大峡谷地段的河床比谷底则干热，呈一派荒漠景观。蜿蜒于谷底的科罗拉多河曲折幽深，整个大峡谷地段的河床比降为每千米150厘米，是密西西比河的25倍。其中百分之50的比降还很集中，这就造成了峡谷中部分地段河水激流奔腾的景观。正因如此，沿峡谷航行漂流成为引人入胜的探险活动。

科罗拉多河的长期冲刷，不舍昼夜地向前奔流，有时开山劈道，有时让路回流，在主流与支流的上游就已刻凿出黑峡谷、峡谷地、格伦峡谷，布鲁斯峡谷等19个峡谷，而最后流经亚利桑那州多岩的凯巴布高原时，更出现惊人之笔，形成了这个大峡谷奇观，而成为这条水系所有峡谷中的“峡谷之王。

科罗拉多大峡谷由于地层结构不同，松密不一，河水的横冲直撞，有时造成大片坍陷，有时却只遗下一道罅隙；有时如怒涛般的激荡，有时又如锯齿般的侵蚀；如平流迂缓，则留下平缓的痕迹，如激流翻卷，则产生突兀的纹饰。尤其是谷壁地层断面，纹理清晰，层层叠叠，就像万卷诗书构成的曲线图案，缘山起落，循谷延伸，又如一幅万里绸带，在大地上宛转飘舞。游人至此，无不赞叹大自然鬼斧神功的奇妙。

峡谷的颜色，又因两壁岩石的种类、风化的程度、时间的演变，以及所含矿物质的差距异而各有不同，铁矿石在阳光照射下，呈现五彩，其它氧化物则产生各种暗淡的色调，石英岩又会显出白色，因之，形成一块块鲜红，一方方深赭，一团团黝黑，一片片铁灰，大地像一块巨大的五色斑斓的调色板，美不胜收。而有的因为夹有泥土长出了草木而带一些诗意，有的又因谷底弥漫着水雾，而微显淡紫；再加上天气变化，或骄阳直射，或风雨晦暝，或晨曦初上，或夕阳满山，可使峡谷风光，变幻莫测，气象万千。

大峡谷不仅景色奇异，而且野生动物十分繁富。有200多种鸟禽，60种哺乳动物，15种爬行动物和两栖动物在此生息，在谷底的法顿牧场和相离90余公里，高约3500米的圣弗朗西斯科峰之间的地段，既是亚热带植物，也是寒带植物的生长区。所以，这里仙人掌、罂粟、云杉、冷杉等植物几乎是在同一地区内共生。

埃菲尔铁塔

埃菲尔铁塔（法语：La Tour Eiffel）是一座于1889年建成位于法国巴黎战神广场上的镂空结构铁塔，高300米，天线高24米，总高324米。埃菲尔铁塔得名于设计它的桥梁工程师居斯塔夫·埃菲尔。铁塔设计新颖独特，是世界建筑史上的技术杰作，因而成为法国和巴黎的一个重要景点和突出标志，法国人爱称为“铁娘子”。它和纽约的帝国大厦、东京的电视塔同被誉为西方三大著名建筑。

埃菲尔铁塔占地一公顷，耸立在巴黎市区赛纳河畔的战神广场上。除了四个脚是用钢筋水泥之外，全身都用钢铁构成，塔身总重量7000吨。建成后的埃菲尔铁塔高300米，直到1930年它始终是全世界最高的建筑。为了完成铁塔的建造，埃菲尔设计了许多具有创造性的技术：和当时其他的大型建筑工程不同，埃菲尔预先在自己的车间里面制造好所有的部件。也就是说，当这些部件被送往工地的时候，能够很快速的安装完毕。铆钉孔预先以十分之一毫米的容差制作完毕，使得20个铆接小组能够每天装配1650个铆钉。 建造铁塔的每个部件都不超过3吨重，这使得小型起重机得以普遍应用。 埃菲尔知道自己没办法保证塔墩在建造完毕之后能够托起完美的水平面，所以他在每个塔墩的底部都装置了一台临时水压泵。这样随着工程的推进，他可以通过微微的升高或降低塔墩来进行微调。埃菲尔和他的公司以创纪录的速度赚回资金。在博览会举行的半年期间，这个铁塔赚得了140万美元，而最初的预计造价仅为160万美元，再加上还有政府补贴的30万美元，在博览会结束前就已经完全的收回投资。

如今，铁塔上增设了广播和电视天线，它的总高已达320米。站在塔上，整个巴黎都在脚下。每天都有世界各地的游客慕名前来参观。

埃菲尔铁塔经历了百年风雨，但在经过20世纪80年代初的大修之后风采依旧，巍然屹立在塞纳河畔。它是全体法国人民的骄傲。如果说，巴黎圣母院是古代巴黎的象征，那么，埃菲尔铁塔（Eiffel Tower ）就是现代巴黎的标志。和其他的公共纪念碑不一样的是，埃菲尔铁塔从一开始就被设计用来赚钱。如果你想乘坐电梯或者楼梯到达一层平台，需要支付2法郎；如果想一路到达顶层，需要支付5法郎（星期天会便宜一些）。

这仅仅是一个开始，一层平台还计划开办餐厅、咖啡厅、商店；二层平台计划开设邮局、电话局、面包店和画廊。这个铁塔设计能够同时容纳10416名付费的游客。

埃菲尔铁塔是“首都的瞭望台”。塔分三层，第一层高57米，第二层115米，第三层274米。除了第三层平台没有缝隙外，其他部分全是透空的。从塔座到塔顶共有1711级阶梯，现已安装电梯，故十分方便。每一层都设有酒吧和饭馆，供游客在此小憩，领略独具风采的巴黎市区全景：每逢晴空万里，这里可以看到远达70公里之内的景色。它设有上、中、下三个瞭望 台，可同时容纳上万人，三个瞭望台各有不同的视野，也带来不同的情趣。一个世纪以来，每年大约有300万人登临塔顶，俯瞰巴黎市容，叹为观止。最高层瞭望台离地面274米，若沿1652级阶梯而上，差不多要一个小时，当然也可采电梯登高。这里最宜远望，它会使人们产生这样一种感觉：嘈杂的巴黎忽然静了下来，变成一幅巨大的地图，条条大道条条小巷划出无数根宽窄不同的线。全巴黎尽在脚下，当白天视野清晰时，极目可望60公里开外。

中层瞭望台离地面115米。有人说，从这一层向外张望可以看到最佳景色。的确，淡黄色的凯旋门城楼、绿荫中的卢浮宫、白色的蒙马圣心教堂都清晰可见，色彩斑斓。傍晚登塔，则见夜色如画，繁灯似锦，翠映林荫，那些交织如网的街灯，真如雨后珠网，粒粒晶莹。这一层还有一个装潢考究的全景餐厅，终年都是顾客盈门，座位必须提前预订才行。最下层瞭望台面积最大，相当宽敞，设有会议厅、电影厅、餐厅、商店和邮局等各种服务设施。在穿梭往来的人群中，好像置身于闹市，而忘记这毕竟是57米的高空。从这里观赏近景最为理想。北面的夏洛宫及其水花飞溅的喷水池、塔脚下静静流过的塞纳河水、南面战神校场的大草坪和法兰西军校的古老建筑，构成了一幅令人难忘的风景画。

悉尼海港大桥

悉尼海港大桥，号称世界第一单孔拱桥，位于澳大利亚悉尼的杰克逊海港。悉尼海港大桥是早期悉尼的代表建筑，它像一道横贯海湾的长虹，巍峨俊秀，气势磅礴，与举世闻名的悉尼歌剧院隔海相望，成为悉尼的象征之一。

这座大桥整个工程的全部用钢量为5.28万吨，铆钉数是600万个，最大铆钉重量3.5公斤，用水泥9.5万立方米，桥塔、桥墩用花岗石1.7 万立方米，建桥用油漆27.2万升，从这些数字足可见铁桥工程的雄伟浩大，整个悉尼大桥桥身长度（包括引桥）1149 米，从海面到桥面高58.5米，从海面到桥顶高达134米，万吨巨轮可以从桥下通过。桥面宽49米，可通行各种汽车，中间铺设有双轨铁路，两侧人行道各宽3米。原来还铺设有轨电车车轨两条，后因交通拥挤把它拆除，划出8条汽车道。

悉尼海港大桥的设计负荷是每小时通行汽车6000辆、火车和电车128 列，还可通行几万人。现在各种车辆一天24小时连续不断从桥上通过，有时一天通车量近200万辆。悉尼大桥的最大特点是拱架，其拱架跨度为503米，而且是单孔拱形，这是世界上少见的。大桥的钢架两头搭在两个巨大的钢筋水泥桥墩上，桥墩高12米。钢架与桥墩的接头处有大滚珠，钢架热胀冷缩，滚珠起着调节作用。两个桥墩上还各建有一座桥塔，塔高95米，全部用花岗岩建造。

目前悉尼大桥的交通完全由电脑控制。在大桥的两端桥塔上装有自动摄影设备，摄像镜头可以自动变换焦距和角度。当车辆一进入大桥，它就可以把车的型号、车牌号，收取过桥费以及车辆流量等全部情况记录下来。整个桥上的交通情况在电脑控制中心的电视荧光屏上看得清清楚楚。桥上还有巡逻车巡逻，随时处理各种情况，使大桥始终保持畅通无阻。

今日的悉尼海港大桥，北端弯成一个大弧形，连接北上的高速公路，南端一直伸入悉尼市区。每当夜幕降临，大桥的钢架上就亮起了万盏灯火，远远望去，五彩缤纷，灿烂夺目。

泰姬陵

泰姬陵是印度莫卧儿王朝第5代皇帝沙贾汗为了纪念他已故皇后阿姬曼·芭奴而建立的陵墓，被誉为“完美建筑”。它由殿堂、钟楼、尖塔、水池等构成，全部用纯白色大理石建筑，用玻璃、玛瑙镶嵌，绚丽夺目、美丽无比，有极高的艺术价值，是伊斯兰教建筑中的代表作。2007年7月7日，成为世界新七大奇迹之一。

关于泰姬陵还有一段凄美的爱情传说。据说沙·贾汗的宠妃阿姬曼·芭奴是一位具有波斯血统的绝世美女，性情温柔，擅诗琴书画。她二十一岁时与当时为贾汗吉尔国王的三王子库拉姆结婚。她婚后与库拉姆同甘共苦，行影相随，足迹遍布疆场。一六二八年，库拉姆经过一场血战继承王位，给自己取名沙·贾汗，意为世界之王。沙·贾汗也因此得到宫中最高头衔——泰姬·马哈尔。但是好景不长，一六三一年，阿姬曼·芭奴在跟随沙·贾汗南征时，因难产而死。当时年仅三十九岁。在她婚后十八年里，共为沙·贾汗生下十四个子女。存活的只有四男三女。阿姬曼·芭奴之死，令沙·贾汗伤心欲绝，他决定为宠妃建造一座全世界最美丽的陵墓，以表达他对宠妃的思念之情。同时，下令宫廷为她致哀两年，禁止一切娱乐活动。

泰姬陵百看不厌。它在一天里不同的时间和不同的自然光线中显现出不同的特色。虽然它是一座陵墓，可它却没有通常陵墓所有的冷寂。相反你感到它似乎在天地之间浮动。它的和谐对称、花园和水中倒影融合在一起创造了令无数参观者惊叹不已的奇迹。

朝霞升起时分，初升的一轮红日伴着朱木拿河袅袅的晨雾，仿佛要将泰姬陵从睡梦中唤醒，此时的它显得静静的。中午时分，泰姬陵头顶蓝天白云，脚踏碧水绿树，在南亚一向耀眼的阳光映衬下，更出落得玲珑剔透，光彩夺目。傍晚，泰姬陵迎来了它一天中最妩媚的时刻，斜阳夕照下，白色的泰姬陵开始从灰黄、金黄，逐渐变成粉红、暗红、淡青色，随着月亮的冉冉升起，最终回归成银白色。在月色朦胧中，泰姬陵显得格外高雅别致和皎洁迷人，犹如美人泰姬在含情沉思。据称，泰姬陵最美丽的时候，是朗月当空的夜晚。白色的大理石陵寝，在月光映照下会发出淡淡的紫色，清雅出尘，美得仿佛下凡的仙女。

泰姬陵于1631年（另一资料：1632年）开始动工，历时22年（另一资料：18年），每天动用2万役工。除了汇集全印度最好的建筑师和工匠，还聘请了中东、伊期兰地区的建筑师和工匠，更是耗竭了国库（共耗费4000万卢比），这导致莫卧尔王朝的衰落。泰姬陵是用从322公里外的采石场运来的大理石造的，但它却不是有些照片里的那种纯白色建筑。成千上万的宝石和半宝石镶嵌在大理石在表面，陵墓上的文字是用黑色大理石做的。从一道雕花的大理石围栏上可以看到出色的手艺。阳光照射在围栏上时，它投下变化纷呈的影子。从前曾有银制的门，里面有金制栏杆和一大块用珍珠穿成的布盖在皇后的衣冠冢上（它的位置在实际埋葬地之上）。窃贼们偷去了这些珍贵的东西，许多人曾企图挖取镶嵌在大理石栏上的宝石，但泰姬陵的雄伟壮丽仍使人为之倾倒。

泰姬陵坐落在一个风景区内，庄严雄伟的门道象征着天堂的入口，上方有拱形圆顶的亭阁。原先这儿曾有一扇纯银的门，上面镶嵌着几百个银钉。这些东西都已被劫走，现在的门是铜制的。　泰姬陵代表了莫卧儿建筑成就的高峰。这种风格的陵墓竖立在一个底座上，上面饰有光塔，人们对它怀有和对清真寺同样的崇敬的心情。这种风格的纪念陵墓在印度北部发展并随之消失。泰姬陵是世界上完美艺术的典范。基本上由大理石建成的建筑毫无瑕疵，月光之下的泰姬陵更给人一种恍若仙境的感觉。它不仅表达了沙贾汗对爱妻的深切纪念，也是他送给人类的一份厚礼。

这座世界七大建筑奇迹背后其实有一段哀怨缠绵的历史，了解它的历史的背景，确能增加观赏泰姬陵的趣味。陵园占地十七公顷，为一略呈长形的圈子，四周围以红沙石墙，进口大门也用红岩砌建，大约两层高，门顶的背面各有十一个典型的白色圆锥形小塔。大门一直通往沙杰罕王和王妃的下葬室，室的中央则摆放了他们的石棺，壮严肃穆。泰姬陵的前面是一条清澄水道，水道两旁种植有果树和柏树，分别象征生命和死亡。

泰姬陵在早中晚所呈现出的面貌各不相同，早上是灿烂的金色，白天的阳光下是耀眼的白色，斜阳夕照下，白色的泰姬陵从灰黄、金黄，逐渐变成粉红、暗红、淡青色，而在月光下又成了银白色，白色大理石映著淡淡的蓝色萤光，更给人一种恍若仙境的感觉。有人说，不看泰姬陵，就不算到过印度；不在月光下来到泰姬陵，就不算到过泰姬陵。 陵园无论构思还是布局都是一个完美无缺的整体，它充分体现了伊斯兰建筑艺术的庄严肃穆、气势宏伟的独特魅力。凡到此陵参观过的游客，无不感叹。

多伦多电视塔

造型优美的加拿大国家电视塔座落在安大略省的多伦多市，因此又称多伦多电视塔，高553.33米，是世界上最高的自立构造。也是该市的标志性建筑，每年有超过200万人次参观，是去多伦多的游客必访的景点。

电视塔自上而下由基座、观景台、“天空之盖”和天线塔四部分组成。基座呈三角柱体，内部设有纪念品商店、快餐厅、小电影厅、儿童乐园和报告世界各地天气情况及时间的大型电子显示屏幕等设施。

观景台高346米，相当于113层楼高，搭乘时速22千米的电梯不到一分钟（58秒）就可抵达，其外形酷似一只轮胎，设有旋转餐厅、室内游乐场、夜总会以及户外了望台。旋转餐厅可容纳425人同时就餐，每隔65分钟旋转一次，游人可以一边品尝美味佳肴，一边体会登高望远的滋味，有雅兴者还可以在此一展舞姿。电视塔最独特之处是观景台所建的玻璃地面，这块呈扇形的玻璃地面让几乎每个尝试踏越这块地面的游客都战战兢兢。从观景台再上一层，到“天空之盖”，这里高达443米，也就是电视塔中白色“针”的基座，可以眺望多伦多全景，不过这里只有在风速不强的情况下才开放。

天空之盖的顶端是电视发射天线，全高102米，由42节钢架叠置而成，从地上望去，天线塔银光闪闪，宛如一把利剑，直刺蓝天。

CN塔的意义不仅仅是她的高度，还有她的功能也是无与伦比的。现在CN塔仍为30多个国家的电视台、电台、移动通信及传呼台等发射信号。加拿大所有重要的广播和通讯机构，以及几乎所有的广播电台，还有Bell的移动电话、Motorola的寻呼机服务（Pager)、TTC使用的通讯等，都依赖于CN塔传送的电波。

从玻璃观光电梯内俯瞰整个多伦多的奇妙美景，历来是加拿大电视塔游览项目中激动人心的重头戏，给游客留下难忘的回忆。它的六台观光电梯，以平均每小时22千米（15英里）的时速上升，只需58秒，乘客便可到达346米（1136英尺）高的塔顶，这段电梯旅行当之无愧地被誉为“世界顶级电梯之旅”,而改造后的电梯地板所用的玻璃与电视塔采用了全景玻璃透视地板。所以，当游客以每秒钟6米的升降速度搭乘电梯时，不仅有惊心动魄之感，梯外的景色也一览无遗。